经济学学术前沿书系
ACADEMIC FRONTIER
ECONOMICS BOOK SERIES

深圳用足用好经济特区立法权实施路径研究

王喆◎著

经济日报出版社

前　言

《中共中央、国务院关于支持深圳建设中国特色社会主义先行示范区的意见》（2019 年 8 月 18 日）指出，深圳特区要“率先营造彰显公平正义的民主法治环境”“用足用好经济特区立法权，在遵循宪法和法律、行政法规基本原则前提下，允许深圳立足改革创新实践需要，根据授权对法律、行政法规、地方性法规作变通规定”。经济特区立法权是我国地方立法权中一种特殊而重要的表现形式，是指经济特区所在省、市人民代表大会及其常务委员会，根据全国人民代表大会作出的授权决定，有权依照宪法法律的规定，结合经济特区的具体情况和实际需要，按照法定程序，进行法规文件的制定、修改、废止。在中国特色社会主义法律体系中，经济特区立法作为独具特色的组成部分，为我国经济特区各项事业发展提供了重要法治保障。

2020 年是深圳经济特区建立 40 周年，也是粤港澳大湾区和深圳先行示范区建设全面铺开、纵深推进的关键之年。2020 年 10 月 11 日，中共中央办公厅、国务院办公厅印发了一份事关深圳前途命运的重磅改革文件：《深圳建设中国特色社会主义先行示范区综合改革试点实施方案（2020–2025）》。10 月 14 日，习近平总书记在深圳经济特区建立 40 周年庆祝大会上发表重要讲话，对做好深圳综合改革试点提出了明确要求。10 月 18 日，国务院新闻办公室举行新闻发布会，综合改革试点首批 40 项授权事项清单正式发布，包括要素市场化配置、营商环境、科技创新体制、对外开放、公共服务体制、生态环境和城市空间治理等 6 个方面，其中有 20 多项需要突破现有法律法规和政策规定，涉及近百项具体法律法规和政策条款的调整。

2021 年 2 月 20 日召开的深圳市委全面深化改革委员会第十六次会议审议通过了《深圳市委全面深化改革委员会 2021 年工作要点》（以下简称《工作要点》）。《工作要点》提出，今年深圳的主要改革任务分为“全面深化改革任务”和“综合改革试点任务”两部分。全面深化改革任务涉及 8 个方面的改革任务，综合改革试点任务按照《深圳建设中国特色社会主义先行示范区综合改革试点实施方案（2020–2025 年）》的改革部署，围绕 6 大领域，27 项改革举措和 40 项首批授权事项，今年将蹄疾步稳推进深圳综合改革试点具体改革任务落地做实。

深圳同时拥有经济特区立法权和设区的市地方立法权，这是深圳发挥特区立法智慧与艺术、开展高质量立法，将改革开放的旗帜举得更高的最大优势。经济特区立法作为具有变通权限的特别地方立法，是中国特色社会主义法律体系中的重要组成部分，也是落实综合授权改革清单事项的重要法治手段。采取“实施方案 + 授权清单 + 特区立法”的全新方式，不仅是一种滚动推进的全新授权改革方式，更是一种全新的立法技术，是中国特色社会主义自下而上的立法技术，很好地弥补了大陆法系自上而下立法进程中，对个体权益与市场需求反馈不足的问题，又非常好地兼容了普通法系制度扩张的优势。

因此，本书致力于回答在中国特色社会主义进入新时代的关键时期，在中央大力推进全面深化改革和全面依法治国的新的历史阶段，面对建设粤港澳大湾区和中国特色社会主义先行示范区“双区驱动”的历史机遇，深圳该如何在法定界限内，用好用足国家赋予的变通立法权，不忘初心，继续创新的问题。本书的研究重点包括：一是全面梳理深圳特区法规体系并总结实施成效；二是加强深圳经济特区立法变通研究，从立法理论上厘清特区立法变通的含义、程序和边界；三是完善立法决策和改革决策相衔接的机制；四是研究综合授权改革和用足用好经济特区立法权的关系，探索综合授权改革试点与经济特区立法“双轮驱动”、互促互进的创新路径；

五是分析重点领域改革需要特区立法解决的体制机制障碍，提出进一步用足用好特区立法权、创新完善配套实施机制的对策和建议。相关成果可以为深圳以特区立法权为法律武器，充分释放“双区”驱动、“双区”叠加效应提供决策支撑，亦可为全国其他经济特区和国家全面深化改革探索可复制、可推广的法治保障经验。

目　录

CONTENTS

一、特区立法权与立法变通权

邓小平同志在改革开放之初高瞻远瞩地提出了，要“一手抓建设，一手抓法制”。随着经济特区相继建立，经济特区立法权也与之相伴而生，体现出改革创新的基本特点。要充分利用好经济特区立法权，首先要对经济特区立法权与立法变通权有足够的认识。经过长期实践证明，经济特区立法具有适度超前性、相对突破性、较大试验性的特点，在我国经济特区建设中充分发挥了制度创新的优势，为经济特区发展起到引导、规范和保障的作用。

（一）特区立法权的性质

1. 深圳特区立法权的由来

（1）基础与前提：经济特区的建立

十一届三中全会是新中国成立以来，党的历史上具有深远意义的伟大转折，实现了思想路线的拨乱反正，开启了改革开放的伟大征程，揭开了中国经济腾飞的序幕。在当时的中国，急迫地需要一片既得利益网络和旧体制势力影响相对薄弱的“边疆”区域，以打造经济建设“试验田”，通过在这些地方综合试验新制度，使改革能够快步向前。通过在这样的地区率先进行改革试验，可以起到一种“安全阀”的作用，试验成功则可以有把握地将其经验做法在全国复制推广，万一尝试过程中有任何问题，可以封而锁之，不至于在全国和其他地区造成影响。在这样的背景下，经济特区制度从纸上迅速落地。

1979 年 1 月，广东省委召开常委扩大会，宣传贯彻十一届三中全会精神，会议提出，充分发挥广东毗邻港澳、华侨众多的有利条件，通过利用外资、引进先进技术和先进设备，扩大对外贸易，希望中央赋予广东“先走一步”的权力。1979年5月5日，广东省委向中央上报《关于试办深圳、珠海、汕头出口特区的初步设想》。1979年7月15日，中共中央、国务院下达50号文件，同意对广东、福建两省实行“特殊政策、灵活措施”，并在深圳、珠海、汕头、厦门试办特区。1980年5月16日，中共中央、国务院转批《关于广东、福建两省会议纪要》，原则同意广东省起草的《经济特区暂行条例》，并将原来的“出口特区”改名为“经济特区”。8月26日，《中华人民共和国广东省经济特区条例》经第五届全国人大常委会第十五次会议批准正式施行，宣布在深圳、珠海、汕头三个市分别划出一定区域设置经济特区。至此，我国经济特区正式诞生。

经济特区的建立是经济特区立法的客观依据，使得经济特区立法权具有了适用的对象和地域范围，为经济特区立法制度的构建提供了客观基础和前提，相应的立法主体也逐渐形成。

（2）发展与困境：法律空白的存在

1980年深圳经济特区诞生之初，作为改革的“试验田”、开放的“桥头堡”，深圳经济特区在我国改革开放和现代化建设中肩负了重要使命，从客观上急需国家在政策、制度层面给予倾斜。在改革开放初期，中央统一领导下地方适当分权的立法体制尚未确立，各省一级的地方人大及其常委会都没有立法权，深圳经济特区的立法权更无从谈起。深圳经济特区的建设和发展在“先行先试”的过程中，一度因为立法权的缺失受到不小的掣肘，在法律暂时空白的领域，主要通过颁布“红头文件”来缓和法律法规严重不足的问题。在国际视野下，只有政府出台的“土政策”而无法可依，对外商而言缺乏足够的公信力，由于对政策的稳定性和连续性持怀疑态度，外商投资热情和信心不足，没有形成有效投资激励。市场经济必须是法治经济，只有通过公开立法，做到有法可依，建立起信任机制，外商才能吃下“定心丸”前来投资。在改革开放初期，深圳紧迫地感受到健全法律法规的需求，急切地渴望通过立法来填补法律空白。

由于没有立法权，深圳只能依赖国家和广东省“送法”。当时深圳获得立法的来源有三个，分别是：国家最高立法机关全国人大及其常委会、广东省人大及其常委会[①]以及国务院[②]。1981 年到 1986 年，广东省人大和国务院一共通过了 16 项特区法规，仍然跟不上深圳开放的步伐，一些商品经济、市场经济活动重要而基本的领域和行政管理的若干方面依旧处于无法可依的状态，单单依靠国务院和广东省立法并不能满足深圳经济特区的立法需求。再加上立法主体远离立法调整对象，立法调整对象本身具有特殊性，立法和实践容易出现脱节的情况，因此，立法不完善的问题十分突出。

（3）法治与契机：获授权自主立法

由于广东省和国务院的立法任务重、周期长，深圳报请立法往往需要较长的时间周期，同时考虑到经济特区的实践具有先行性，只有深圳才最了解深圳，最了解如何立法以符合特区需求，从 1986 年起，深圳开始酝酿直接争取“特区立法权”。1988 年 1 月，深圳正式向国务院提交了《关于请求全国人大常委会授予深圳市人民政府制定深圳经济特区行政法规的权力的报告》。1988 年 11 月，全国人大初步决定同意授予深圳立法权，但是当时深圳市没有设立人民代表大会及其常委会，全国人大不同意深圳市人民政府成立立法委员会行使立法权，而是要求深圳依法选举产生人大及其常委会后，授权深圳市人大及其常委会立法。

1989 年 4 月，第七届全国人大二次会议通过了《全国人民代表大会关于国务院提请审议授权深圳市制定深圳经济特区法规和规章的议案的决定》，授权全国人大常委会在深圳市依法选举产生市人民代表大会及其常务委员会以后，对国务院所提议案进行审议并作出相应决定。1990 年底，深圳市依法选举产生了深圳市人大及其常委会，并开始积极行使立法权相关的准备工作。1992 年，邓小平视察南方发表重要讲话，要求特区解放

---

① 1981 年 11 月 26 日，五届全国人大常委会二十一次会议作出决定，授权广东省、福建省人民代表大会及其常务委员会，根据有关的法律、法令、政策规定的原则，按照该省经济特区的具体情况和实际需要，制定经济特区的各项单行经济法规，并报全国人民代表大会常务委员会备案。

② 1985 年 4 月 10 日，六届全国人大三次会议决定，授权国务院对于有关经济体制改革和对外开放方面的问题必要时可以根据宪法，在同有关法律和全国人大及其常委会的有关决定的基本原则不相抵触的前提下，制定暂行的规定或条例，颁布实施，并报全国人大常委会备案。

思想，“大胆地试，大胆地闯”。1992 年 7 月 1 日，七届全国人大常委会二十六次会议表决通过《全国人民代表大会常务委员会关于授权深圳市人民代表大会及其常委会和深圳市人民政府分别制定法规和规章在深圳经济特区实施的决定》（以下简称“《92 决定》”），深圳经济特区终于通过授权立法的形式，取得了一定的立法自主权，由最高立法机关以特别决定的方式，授权全国人大常委会对特区进行授权，在实质上，特区立法的授权主体是全国人大及其常委会。2000 年颁布的《立法法》保留了经济特区授权立法权，同时明确规定，经济特区所在地的省、市人民代表大会及其常务委员会根据全国人民代表大会的授权决定，制定法规，在经济特区范围内实施，将经济特区授权立法的授权主体严格限制为全国人民代表大会。因此，目前深圳特区立法权的合法授权主体为全国人大。

2. 特区立法权的内涵分析

（1）特区立法权的定义

2000 年颁布的《立法法》对于经济特区的立法格局构造来讲，是一个巨大的转折点。

一方面，《立法法》首次将专属国家立法事项以列举的方式进行了明确规定，并在第六十三条中将制定地方性法规定的权力主体扩张至“较大的市”，其中经济特区所在地的市都被划归于“较大的市”的范畴，赋予了深圳等市级经济特区法定的制定地方性法规的职权，即职权立法。2015 年修改的《立法法》进一步突破了地方立法的稀缺性控制，所有“设区的市”都普遍获得地方立法权，可以就“城乡建设与管理、环境保护、历史文化保护等方面的事项”制定地方性法规和政府规章。

另一方面，《立法法》在第六十五条专门规定：经济特区所在地的省、市的人大及其常委会根据全国人大的授权决定，制定法规，在经济特区范围内实施，对经济特区中授权立法类型进行了正式规定。而此前，一直没有关于经济特区授权立法的专门法律规定，而是通过诸多决定和决议进行授权。2015 年修改后的《立法法》第 74 条规定，经济特区所在地的省、市人民代表大会及其常务委员会根据全国人民代表大会的授权决定，制定法规，在经济特区范围内实施，对经济特区的授权立法权进行了再次明确。

《立法法》实施之后，从广泛意义上看，深圳特区的立法权体现了“双重立法权”的含义：一个是制定经济特区法规的特区立法权，属于授权立法权；另一个是职权立法权，即制定地方性法规的一般立法权。性质上看，前者是兼具国家性立法权和地方性立法权的特殊立法权，后者仅仅是一种地方立法权。如果从“特区立法权”这个概念本身来理解，应采取狭义的概念——特区立法权仅指深圳作为经济特区所享有的特殊立法权，不包括深圳作为特区的市所享有的一般性地方立法权。基于此，我们将经济特区立法权定义为：依照全国人民代表大会的授权决定，经济特区所在省、区、市人民代表大会及其常务委员会，根据宪法法律的规定，遵循国务院行政法规的原则，按照法律规定的程序，结合经济特区的具体实际，制定、修改、废止法规文件的权力。

需要注意的是，深圳所享有的特区立法权来自全国人大的授权，其地位是特殊的地方立法，其立法对象对应的是经济特区的“特”，即特殊经济政策和特殊经济管理体制，其与上位法的关系是经济特区法规根据授权可以对法律、行政法规、地方性法规作变通规定。而深圳所享有的地方立法权是一般的地方立法，其立法范围是本行政区域属于地方性事务需要制定地方性法规的事项，其与上位法的关系是“不抵触”。因此，同时享有一般地方立法权和经济特区立法权的深圳，在一般性的地区管理实务上应优先适用地方立法权，在涉及经济特区建设的事务即特殊经济政策和特殊经济管理体制事项上（例如，涉及对外开放、经济制度改革、与港澳台的经济关系等方面的事项）才适合启用经济特区立法权。

（2）特区立法权的内涵

根据定义，经济特区立法的内涵包含以下几个方面：

一是从性质上来看，特区立法权是一种兼具国家立法权与地方立法权的特殊立法权，属于授权立法。目前，法律界关于经济特区立法权性质的定位一直未形成一致的观点，存在着以下不同看法。一种观点认为，经济特区立法权是国家立法权、中央立法权，经济特区法规是国家法律的一部分；第二种观点认为，经济特区立法是一般的地方立法，因为经济特区立法权的行使主体是特区地方人大及其常委会以及特区政府；第三种观点认为，经济特区立法权既非国家立法权的一部分，又不同于地方立法权，是一种特殊的地方立法权。我们认为应该采取第三种观点，认为特区立法权是一种兼具国家立法权与地方立法权的特殊立法权，因为从授权立法情形来看，经济特区立法的立法权来源全国人民代表大会的授权，具有国家性；从运用的主体、适用的范围来看，特区立法权具有地方性。

二是从授权主体来看，特区立法权来源全国人大的授权，除此之外的其他主体均无权进行授权。在2000年《立法法》颁布之前，经济特区立法的授权主体并不统一，既有全国人大，也有全国人大常委会。2000年出台的《立法法》第六十五条明确规定，经济特区所在地的省、市人民代表大会及其常务委员会根据全国人民代表大会的授权决定，制定法规，在经济特区范围内实施，通过立法明确并严格限制了经济特区授权立法的授权主体只能是全国人民代表大会，全国人大常委会以及其他相关机关均不能进行授权。2015年修改后的《立法法》，第74条规定"经济特区所在地的省、市的人民代表大会及其常务委员会根据全国人民代表大会的授权决定，制定法规，在经济特区范围内实施。"再次对该项内容进行了确认。

三是从立法主体、程序与适用优先性来看，特区立法权的实施主体为深圳市人民代表大会及其常务委员会，立法程序为备案监督制，立法变通规定能优先适用。2000年《立法法》对经济特区授权立法的立法主体进行了明确地规定，即经济特区所在地的省、市人民代表大会及其常务委员会。在此之前很长一段时间，经济特区的授权立法主体不仅包括经济特区的人大及其常委会，经济特区的人民政府也可依根据授权行使立法权。此外，不同于职权立法需要履行报省级人大常委会批准的程序，特区立法作为授权立法不需履行报批手续，即行使授权立法权所立之法生效不以上级立法机关的批准为前提，只需履行备案手续并接受监督。此外，不同于职权立法必须严格按照法律的效力等级进行适用，根据《立法法》“经济特区法规根据授权对法律、行政法规、地方性法规作变通规定的，在本经济特区适用经济特区法规”的规定，在一定情况下，经济特区法规在经济特区范围内优先适用。

四是特区立法必须恪守法制统一的底线，严格遵守立法权限的边界。首先，经济特区所在地省、市人民代表大会及其常务委员会可以在全国人大的授权之下，就某些本属于国家立法机关的立法事项进行立法，并在本特区范围内实施，行使国家立法机关的部分立法权，但是其立法内容不能与宪法、法律和国务院行政法规的基本原则和其中明确规定的事项矛盾或相违背；其次，经济特区行使立法权制定特区范围内特殊问题的法规，必须是在国家立法机关授权的前提下进行的，并且必须是根据特区自身的现实需要，结合特区的具体情况进行；最后，对于国家已制定法律、法规，适应特区发展需要的，必须坚决执行，经济特区可以基于更好地保障宪法、法律和行政法规有效贯彻实施的目的，结合特区的具体实际和现实需要，在授权范围内制定相关法律和行政法规的实施细则，但是决不能搞重复立法。

（3）经济特区立法与其他区域立法

经济特区不属于我国行政区域划分的层级，经济特区享有的立法权和特别行政区立法权、一般地方立法权等与其他地方立法权相比，有着明显的差别。

经济特区立法与特别行政区立法的主要区别。特别行政区立法实践的政策基础是“一国两制”“高度自治”制度，特别行政区立法权具有其他任何地方行政区域都无法企及的高度自治权，是我国地方立法权中最具有自主性和特殊性的一种。一方面，从立法性质来说，特别行政区由于历史原因，形成了有别于我国其他地区的经济制度，立法性质具有浓厚的资本主义色彩，以保留和维持特定区域内特有的经济制度为其基本内涵。另一方面，从立法权限来说，特别行政区有权自行管理除外交、国防等专属于中央人民政府管辖的其他各方面地方事务，皆可通过特别行政区立法会就其进行立法，中央通常不予干涉，与特别行政区相比，经济特区作为改革开放的“排头兵”，虽然在立法上获得了一些自主权力，但其“自由发挥”的空间仍十分有限。

经济特区立法与一般地方立法的主要区别。经济特区立法权是一种兼具中央立法权与地方立法权性质的特殊立法权，与一般地方立法权相比，权限更大、更灵活。因此，在改革开放的实践中，经济特区可以根据实际需要在立法上放开手脚，大胆进行试验创新。正是由于经济特区立法权来源于国家最高立法机关的授权，比一般地方与授权主体同级别国家机关所制定的规范性文件的效力在位阶等级上更高，如果两者的效力等级相等，就没有必要专门作出授权。因此，经济特区立法具有明显的阶段性、创新性、试验性、先行性等特点，从总体来看，调整范围不像一般地方立法那样具有确定性。而一般地方立法的任务和程序相对来说是普通的、常规的、较确定的。

经济特区立法与民族自治地方立法的主要区别。《宪法》《中华人民共和国地方各级人民代表大会和地方各级人民政府组织法》《立法法》以及《民族区域自治法》中，对民族自治地方的立法权进行了规定，在类型的划分上，属于跟一般地方立法一样的职权立法范畴，与属于授权立法的特区立法权有着本质区别。但民族自治地方拥有一般地方立法所没有的立法变通权，而这种变通权与经济特区立法的变通权有所不同。民族自治地方变通立法是我国民族区域自治制度的重要内容，鉴于少数民族的政治、经济、文化特点和对少数民族长久保持下来的生产生活习俗与习惯的尊重考虑，变通权的行使范围包括婚姻家庭、民事、刑事、诉讼等部门法，涉及政治、经济和文化的各个方面，具有更大的自主性；经济特区的变通立法是基于改革开放政策的实施，在经济特区建设发展过程中为了适应不断出现的新情况，解决各种新出现的问题，加快对外开放，促进经济发展，同时进行法治建设的试验，在全国人大的授权下进行的，主要是有关经济、贸易、商事等经济建设方面的变通立法，民事、刑事及程序法等基本法律通常不会涉及。

（二）特区立法权的特殊性

很多人在谈到经济特区立法权时，都会将“先行先试”或者“实验性”作为其根本特性。诚然，无论在理论和规范层面，还是在实践和经验层面，先行先试或试验性都是经济特区立法权的重要表现，但尚不能凸显经济特区立法区别于一般地方立法（地方性法规）的独特之处。2000年《立法法》第64条就规定，“除本法第八条规定的事项外，其他事项国家尚未制定法律或者行政法规的，省、自治区、直辖市和设区的市根据本地方的具体情况和实际需要，可以先制定地方性法规”，由此可见，一般的地方立法也有其先行先试或者实验性的特征。因此，作为以政策、制度优势区别于其他地区的行政区域，深圳的特区立法权是一种兼具国家立法权与地方立法权的特殊立法权，“授权”与“变通”才是经济特区立法权的根本特征，这也是特区立法实践表现出适度超前性、相对突破性、较大试验性等鲜明特征的根本原因所在。

1. 特区立法“特”在“授权”

作为“经济特区”与“设区的市”，深圳既拥有经济特区才能享有的授权立法权，又拥有省、自治区、直辖市和设区的市所普遍享有的职权立法权。而深圳作为经济特区所享有的特区立法权与一般地方立法权的最大差别在于授权立法与职权立法间的差异。

一是来源依据不一样。授权立法的立法权来源于国家权力机关即全国人大的授权决定，自治区、直辖市和设区的市所普遍享有的职权立法的立法权来源于宪法或法律直接规定的一般地方立法权。深圳特区由设立之初的单一经济试验功能进而转向多重经济、法制、社会试验功能，正是经济特区授权立法权的确立实现了这一转变，经济特区的多重试验实践，为社会主义市场经济和法制等建设积累了宝贵的本土经验。

二是立法原则和权限不同。职权立法坚持的是“不抵触”原则，即“在不同宪法、法律、行政法规相抵触的前提下，可以制定地方性法规”，而授权立法则坚持“遵循”原则，即“遵循宪法的规定以及法律和行政法规的基本原则”，立法权限更大。这是因为，建设中国特色社会主义事业无先例可循，在摸着石头过河的改革进程中，许多经济和社会改革的诸多举措都是在更为宽松且相对独立的经济特区“实验田”内先行先试进行探索性立法，并不断修正成熟后方才推行至全国的。

三是调整范围侧重点不同。尽管无法在《立法法》和授权决定中看到对授权立法调整范围的规定和限制，但从全国人大授权目的和实际作出的授权决定看，对于经济体制改革和对外开放方面事项的立法调整，显然才是授权立法调整的重点。而职权立法调整的主要是为执行法律、行政法规的规定需要根据本行政区域的实际情况作具体规定的事项，以及属于地方性事务需要制定地方性法规的事项这两个方面的内容。

四是立法权的审批程序不同。授权立法只需履行备案手续并接受监督，不需履行报批手续，对于授权立法而言，上级立法机关的批准并不是所立之法生效的前提条件。职权立法则需要履行报省级人大常委会批准的报批程序。

五是法规的效力不同。根据《立法法》“经济特区法规根据授权对法律、行政法规、地方性法规作变通规定的，在本经济特区适用经济特区法规”的规定，通过授权立法制定经济特区法规在经济特区范围优先适用。职权立法则必须严格按照法的效力位阶进行适用。

2. 特区立法“特”在“变通”

法律领域的“变通”，就是指下位法可以对上位法的规定有所偏离，对相同事项作出与上位法有所不同的规定。特区立法的另一个特点就在于其变通特权，这也是特区立法的先行先试区别于其他地方立法先试先行的特殊性所在。

无论是特区立法权还是地方立法权，都具有先试先行的特点。2000 年《立法法》第六十四条（2015 年修改后第七十三条）规定，具有地方立法权的地方人大及其常委会，除了可以制定执行性法规，还可以就国家专属立法事项之外尚未制定法律或者行政法规的其他事项，根据本地方的具体情况和实际需要，先行制定地方性法规，即制定创制性法规。地方人大及其常委会制定创制性法规既可能规定地方性事务，也可能规定全国性事务或者兼具全国性与地方性的混合性事务。这类创制性法规，往往都体现出在不同程度的先行先试的特点，是地方法治实践中进行先行先试、推动改革创新的重要制度载体，尤其是其中针对全国性事务或者兼具全国性与地方性的混合性事务规定的部分。

但是，特区立法的先试先行具有地方立法先试先行所不具备的“变通”权力。“不抵触”原则是一般地方立法权行使中必须遵循的一个基本要求，无论是制定执行性法规还是创制性法规，凡是法律以及行政法规已有规定的，一般地方性法规都不能存在与其不相一致的地方。与此不同，经济特区法规在遵循法律、行政法规的原则或基本原则的前提下，可以对法律、行政法规的内容进行变通。2000 年《立法法》第八十一条第二款进一步明确，“经济特区法规根据授权对法律、行政法规、地方性法规作变通规定的，在本经济特区适用经济特区法规的规定”。2015 年修改后的《立法法》第九十条保留了该款规定，同时在第九十八条进行补充规定，“经济特区法规报送备案时，应当说明对法律、行政法规、地方性法规作出变通的情况”。

因此，特区立法的变通权实质是体制的改革创新，在一定程度上分享了中央立法权。特区立法权规定在《立法法》“地方性法规、自治条例和单行条例”一节中，从形式上看仍体现为一种地方立法权，但是由于包含了变通权，故而特区立法权在事实上享受了部分仅限全国人大及其常委会与国务院才享有的中央立法权。经济特区立法权从源头上看，肩负着改革的历史使命，承担着创新的重要任务，立法变通权是先行权、创造权、优先试验权，甚至可以在某种程度上打破一个国家现有法律位阶体系的权力，在特区加快发展、扩大开放、探索体制创新的过程中，充分发挥了主动性作用。正是由于拥有变通权，经济特区在国家最高立法机关的授权下，在不违背法律和行政法规基本原则的前提下行使立法权制定经济特区法规，可以理所当然地超越所在地省级人大及其常委会制定的地方性法规，甚至超越国务院行政法规乃至全国人大及其常委会制定的法律的具体规定。

（三）特区立法变通权的争议与正当性

经济特区立法变通权是中国立法体制中最具有特色的一种立法权力，它为包括深圳在内的经济特区奠定了坚实的体制基础，极大地推动了特区制度创新和经济建设等事业发展。在经济特区的立法实践中，变通权被广泛使用，自获得授权立法权以来，深圳等 5 个经济特区均就经济、文化、社会等多个方面制定了大量的经济特区法规，特区立法变通权的高频次广泛运用体现出与民族自治地方变通权的区别。而自特区立法权出现之日起，从理论界到实务界对于特区立法权，尤其是其中变通权的正当性的质疑和争论从未止息。

1. 特区立法变通权的争议

作为一个单一制国家，在我国立法体制中创设一种赋予经济特区的立法变通权是一个很大创造，由于这种变通权力在行使的时候受到的法律限制非常有限，在实践中也不时出现极富争议的经济特区法规，因此对于经济特区立法变通权的正当性问题，一直以来在学术界都不乏质疑的声音。在深圳正式获得立法权的第二年，我国著名的民法专家谢怀栻先生就曾撰文反对特区立法。他指出，“我国的几个经济特区，在立法方面的权力越来越膨胀。中央没有的法律，特区可以自行立法。等中央制定法律后，特区仍保留自己的法律，或不对自己法律中与中央法律不一致的地方加以修改。即使中央有了的法律，特区也可自行立法。结果在特区的法院几乎成为执行地方法律的法院。”早在 1993 年就有学者提出如此批评，随着中国特色社会主义法律体系日益完善，法制观念日益深入人心，不断有人提出主张废除经济特区立法权的各种理由和依据。

（1）对特区授权立法必要性的质疑

一种观点认为，全国人大及其常委会对经济特区立法权的授权决定仅仅要求遵循宪法，并且不违背法律和行政法规的基本原则，对于立法的事项没有实质性的限制，而法律和行政法规的“基本原则”本身就存在很大的模糊性，这种授权方式基本属于“空白授权”的性质，本身即违背了授权明确性原则，进而对于经济特区立法变通权的正当性提出质疑。此外，虽然经济特区立法需报全国人大常委会、国务院备案，但所谓的备案也通常是备而不审，缺乏对经济特区立法内容的有效监督。

将经济特区立法授权方式与全国人大常委会对国务院授权立法的规定进行对比，必须承认，两者之间形成了较为鲜明的对照。2000 年《立法法》中规定，全国人大常委会对于国务院的“授权决定应当明确授权的目的、范围。被授权机关应当严格按照授权目的和范围行使该项权力”，并且在全国人大及其常委会对授权事项制定法律后，相应立法事项的授权终止。2015 年修订的《立法法》进一步对授权立法做了更加严格的规定，它不仅要求立法授权“应该明确授权的目的、事项、范围、期限以及被授权机关实施授权决定应当遵循的原则”，而且还要求除了授权决定另有规定外，授权的期限不得超过 5 年；此外还要求“被授权机关应当在授权期限届满的六个月以前，向授权机关报告授权决定实施的情况，并提出是否需要制定有关法律的意见”。

可以看出，就全国人大常委会对国务院授权立法，《立法法》中进行了较为规范的规定，并且在程序上体现出日益严格的趋向。针对经济特区授权立法，只有 2015 年《立法法》增加了要求经济特区在备案时对变通情况作出说明这一规定，仅仅是对于备案程序的一项补充，大量 20 世纪 80 到 90 年代作出的对于经济特区的授权立法决定却仍然可以基本保持原状。

（2）对特区立法变通规定位阶的争议

2000 年《立法法》规定，法律的效力高于行政法规、地方性法规、规章，行政法规的效力高于地方性法规、规章（第七十九条）；地方性法规的效力高于本级和下级地方政府规章（第八十条）。通过这些规定，法律适用层次得以厘清，即下位法服从上位法。从《立法法》的结构看，经济特区立法被归入“地方性法规、自治条例和单行条例、规章”一章，而广东省人大及其常委会制定的法规也属于地方性法规，根据下位法服从上位法的要求，深圳经济特区立法在法律位阶中的适用层级会很低。然而，《立法法》第八十一条第二款对此作出规定，“经济特区法规根据授权对法律、行政法规、地方性法规作变通规定的，在本经济特区适用经济特区法规的规定”，这在根本上解决了深圳经济特区立法在特区范围内的优先适用问题。根据这一规定，深圳经济特区法规在对法律、行政法规和地方性法规作出变通规定时，有关变通规定在特区范围内具有优先于法律、行政法规和地方性法规的效力，即可以优先于国家和广东省立法而适用。

一些学者对于《立法法》的相关安排提出质疑，部分反对的声音认为，经济特区授权立法变通权的规定严重破坏了法制统一原则，从规范层面公然允许地方立法抵触中央立法，必将对法律的安定和权威造成严重伤害。全国人大在 2015 年对《立法法》进行过一次修改，但是关于经济特区授权立法变通权的规定仍然保留了下来。课题组认为，正因为变通权的存在，深圳经济特区法规得以在特区范围内优先于国家和广东省立法而适用，虽然变更后的具体规定的适用不具有普遍性，只在特定的范围内有效，但是特区立法因此获得了充分发挥其独特作用的广阔空间，被赋予了更为鲜活蓬勃的生命力，具备了更多的成长性，这正是经济特区授权立法的目的和意义所在。

（3）某些变通事项的合法性和正当性

变通立法必将意味着，特区法规与法律和行政法规的有关规定不相一致。许多经济特区法规变通事项的内容曾引起广泛的争议，进而产生了对经济特区立法权合法性和正当性问题的第三个焦点讨论。法制统一在当前被反复强调和关注，很多人认为变通权本身会对法制统一造成破坏，而当一些经济特区变通立法的内容存在涉嫌违背法律和行政法规基本原则的情况，或者这种立法本身的合理性存在争议时，往往会吸引社会各方的强烈关注，引发热烈的讨论。

例如，1982 年国务院《公证暂行条例》实际确立了公证自愿原则，而在 1999 年出台的《深圳经济特区公证条例》对房地产转让、抵押、赠与、分割、继承，记名有价证券的继承、赠与，收养关系的成立和解除等 8 类事项都强制要求办理公证，这明显与公证自愿原则不一致。2001 年修订后的《深圳经济特区公证条例》虽然删除了部分强制公证事项，但对房地产赠与、继承，记名有价证券的继承、赠与等 4 大类事项强制公证的规定仍作了保留。2005 年《公证法》由第十届全国人民代表大会常务委员会第十七次会议通过，依然坚持了公证自愿的原则，并且明确规定“法律、行政法规规定应当公证的事项，有关自然人、法人或者其他组织应当向公证机构申请办理公证”，据此，强制公证事项只能在法律和行政法规中进行规定。在这种情况下，《立法法》颁布并实施后的相当长的时间里《深圳经济特区公证条例》并未进行修改，直到 2017 年才最终将绝大部分强制公证事项进行删除。针对强制公证事项的规定，既有违背行政法规和法律的基本原则之嫌，也体现出一种强烈的部门利益保护倾向，引发了不少质疑。

2. 立法变通的正当性分析

虽然在特区的变通立法实践中，的确存在部分违规现象，且权力机关极少对此进行过干预，特区立法变通权的声誉因此在一定程度上受到了影响。但课题组认为，目前对特区立法变通权的许多质疑都没有正当性根据，其对变通权本质的认识也存在很大的偏颇，下面将从特区立法变通权的价值与正当性基础的维度进一步分析。

（1）立法变通权的价值与必要性

国家当初建立经济特区的目的，就是通过在一些地方开展试验，尝试突破和调整与生产力发展不相匹配的各种旧的条条框框，率先解放和发展生产力进而促进经济发展，而中央的法律、行政法规往往正是这些桎梏的来源，在经济特区改革创新的进程中，立法变通权正是重要的法治支撑。

尽管与改革开放之初相比，经济特区创新和试验的空间在当前有所缩减，但特区立法创新和变通的必要性并不会因此丧失，变通立法权在“双区驱动”的历史新时期将发挥更重要的作用。

一是立法变通权是特区推动制度创新、促进对外开放、落实新发展理念、进行立法实验，打造改革与法治有机结合的重要手段。我国正处于在全面深化改革的历史新时期，改革全面发力、多点突破、纵深推进，着力增强改革系统性、整体性、协同性。虽然当前国家给予的特殊政策相较过去有所减少，但是经过几十年的经验积累，经济特区在创新方面仍具有重要的优势，在全面深化改革中的特殊作用甚至更加凸显。通过运用好立法变通权，经济特区可以率先进行创新性的立法尝试，出台具有前瞻性和引领性的改革措施，贯彻落实新发展理念，在实践中积累经验、总结得失、吸取教训，在全国范围内的制度变革进程中继续扮演好探路者和实验者的角色。在新的历史条件下，经济特区要完成好改革创新的任务使命，立法权与变通权比以往任何时期都显得更为重要，经济特区立法在特区未来的改革创新当中，必将一如既往地发挥引领和保障作用。而深圳作为拥有自由贸易试验区、位于粤港澳大湾区的中国最成功的经济特区，从“先行先试”到“先行示范区”，就是在卓有成效地诠释中央创办经济特区的战略意图。

二是特区立法变通权允许经济特区立法在上位法僵化、过时的情况下率先予以突破，完善了中国特色社会主义法律体系构建。我国各地区经济社会发展不平衡的现实情况，要求必须充分发挥中央与地方两个积极性。中央立法虽然具有更高权威性、统一性、稳定性的优势，但中央立法容易出现空间和时间上错位的问题，存在着难以完全符合地方的特殊需要，或者因为不能及时调整以适应形势发展等劣势。所以，一方面中央立法要为地方创新预留空间，在内容上不能规定得过细，另一方面应当允许特定地区进行立法实验，尤其是允许对中央立法有限度的突破。在上位法存在僵化、过时问题，不适应现实情况和发展需要的情况下，允许经济特区立法得以率先突破枷锁，正是特区立法变通权的主要价值所在。经济特区立法权既为经济特区发展提供了重要保障，也充当了全国性立法的“试验田”，在中国特色社会主义法律体系的构建和完善中发挥着重要作用。

三是经济特区立法权在中共十八大推行全面深化改革战略的形势下，还有充分展示其优势的机会。随着粤港澳大湾区重大战略规划的出台和实施，对于位于湾区的深圳和珠海两个经济特区而言，更是在新的历史时期被进一步赋予先行先试的新使命。建设粤港澳大湾区作为一项重要的国家战略，既是新时代推动形成全面开放新格局的新尝试，也是推动“一国两制”事业发展的新实践和新战略。通过进一步深化粤港澳合作，充分发挥综合优势，进一步提升粤港澳大湾区在国家经济发展和对外开放中的支撑引领作用，支持香港、澳门融入国家发展大局。粤港澳大湾区建设涉及“一国两制”、三个法系、三个关税区，在如此复杂的历史背景和法律环境当中，要推动区域内各城市深度合作和融合，没有体制和机制层面的必要创新会很难实现，法治保障和创新在其中具有至关重要的作用，而深圳市和珠海市的经济特区立法权和变通权正是大湾区法治创新的关键抓手。

四是特区立法权及变通权在大湾区建设中有着关键的改革作用，中央政府和广东省政府纷纷出台政策意见支持。2019 年 2 月 18 日，中共中央、国务院发布《粤港澳大湾区发展规划纲要》（以下简称《纲要》）提出，要通过“合理运用经济特区立法权”促进港澳与经济特区之间的法律合作。2019 年 7 月 5 日，广东省委和省政府印发的《关于贯彻落实 < 粤港澳大湾区发展规划纲要 > 的实施意见》也进一步要求深圳“依托经济特区立法权，加快构建适应开放型经济发展的制度规则体系，探索治理模式、财政体制等领域创新，打造法治建设先行区”。2019 年 7 月 24 日中央全面深化改革委员会第九次会议通过的《中共中央、国务院关于支持深圳建设中国特色社会主义先行示范区的意见》又特别要求深圳“用足用好经济特区立法权，在遵循宪法和法律、行政法规基本原则前提下，允许深圳立足改革创新实践需要，根据授权对法律、行政法规、地方性法规作变通规定”。

综上，基于“双区建设”的宏阔时代背景，深圳经济特区仍然是对外开放的前沿阵地，是市场经济改革的试验田，特区立法仍然是经济特区建设强有力的法治保障。在实现“两个一百年”奋斗目标的征程上，深圳经济特区立法必须要一如既往敢于创新、善于变通，通过比照中央的立法供给和特区的实际需求，如果发现确实存在某些领域中的中央立法对于经济特区经济发展和改革开放形成了禁锢，就可以运用特区立法权在法定限度内进行变通和突破，促进中央政策在经济特区的实施、细化和转化。因此，以体制机制创新突破为抓手，在新的起点上思考如何用足用好经济特区立法权，助推深圳建设中国特色社会主义先行示范区建设进行研究，具有重大的政治意义、理论意义和实践意义。

（2）对立法变通权若干质疑的回应

一是经济特区作为改革开放的重要窗口和试验平台，仍然被中央寄予厚望，肩负着改革和发展的政治使命，以变通权为核心的经济特区授权立法是实现这一使命最核心的法律工具，仍然具有蓬勃的生命力。尽管20世纪特区立法权诞生之时，国家仍处在法制初创的时期，全国人大及其常委会的授权方式在法律上存在一些问题，并且在这种立法权的实践当中，学术界也对此不断提出质疑，但经过2000年和2015年两次修订《立法法》，始终没有就全国人大及其常委会对经济特区授权立法决定原来所具有的粗犷形式从根本上进行改变。此外，2015年《立法法》还有一项重要修订，首次将设区的市（包括较大市）立法权的范围进行了限缩，明确限于“对城乡建设与管理、环境保护、历史文化保护等方面的事项”，这使得经济特区立法权与设区市的立法权相比，在事实上具有更为明显的优势。虽然深圳、珠海、汕头和厦门这4个经济特区作为设区市同样要受到设区市的立法权范围的相关限制，但来源于全国人大单独授权的特区立法权却不在此次修订所约束的范围内。这充分体现出在不断深化改革的形势下，中央对于经济特区立法权的态度在很大程度上仍然秉持着初心，和20世纪设立时一样，通过宽泛的立法授权为经济特区自主性体制创新提供尽可能的自由度，继续发挥好改革开放“试验田”的作用。

二是特区立法变通具有效力上位性，这是其国家立法与地方立法兼具的特性所决定的。虽然在2005年《立法法》中经济特区立法被归入“地方性法规”的章节，但是在第八十一条第二款又规定“经济特区法规根据授权对法律、行政法规、地方性法规做变通规定的，在本经济特区适用经济特区法规的规定”，也明确了在深圳经济特区范围内，深圳经济特区法规优先于国家和广东省立法适用，从而在根本上解决了经济特区立法适用层级低的问题。经济特区变通立法权属于国家立法机关向特区分享的部分国家立法权，从来源和性质上看是国家立法权衍生的一部分，具备中央法律的基本特征，与普通地方立法相比，属于上位法。经济特区变通规定与国家法律、行政法规的基本原则必须具有一致性，又能根据经济特区的具体情况和实际需要突破特区的上位法非基本原则规定，但这并不意味着经济特区法规具有完全意义上的国家法律效力，其变通规定仍属于下位法，由此可见变通规定是一致性与突破性的对立与统一。2015 年修改后的《立法法》第九十条和 2000 年《立法法》的第八十一条内容一致，包含了多重的内涵，经济特区立法的变通规定是特别法，在本经济特区区域内实施；当在经济特区区域内发生变通法规适用冲突，只要不违背授权决定和法律法规的基本原则，就应被优先适用；当变通规定与部门规章就同一事项规定不一致时，变通规定仍然优先适用。因此，经济特区变通立法具有确定无疑的效力上位性，就深圳经济特区而言，广东省有相关地方法规时，深圳经济特区法规被视为国家立法的一部分，自然优先于广东省立法而适用；国家有相关立法时，深圳经济特区的变通法则被视为特别法，国家立法是普通法，依特别法优于普通法的理论和实践，深圳经济特区立法仍然优先适用。

三是中央鼓励经济特区大胆创新，变通事项只要遵循宪法与其他程序性规定，并且不违背法律和行政法规的基本原则，就具有合法性与正当性。习近平总书记曾指出，“先行先试是经济特区的一项重要职责，目的是探索改革开放的实现路径和实现形式，为全国改革开放探路开路”，中央对经济特区先行先试的定位、对经济特区包含法治创新在内的各项事业上进行大胆创新的鼓励，是经济特区立法在所有国内立法中能一枝独秀的重要原因。正是由于肩负着创新的政治责任感和使命感，经济特区一直以来不仅以创新为荣，更以创新发展为使命和担当。法制初创时期存在诸多立法空白地带，以及在2000年《立法法》颁布前地方立法受到较少限制等因素，虽然为早期先行先试性经济特区立法的不断涌现甚至一骑绝尘在客观上提供了环境。但究其根本，正是因为特区享有立法变通权这种可以名正言顺地进行“违法”创新的权力，才使得经济特区获得了最重要的体制上的保障，可以充分运用特区立法权进行立法试验和制度创新，不会被潜在的法律风险所羁绊。20世纪90年代以来，经济特区先行先试性立法方面大胆创新所取得的成绩令人瞩目，如果没有特区立法变通权这将是很难想象的。

3. 立法变通权的性质与边界

（1）特区立法变通权的性质

经济特区立法的本质是授权立法，是一种兼具国家立法权与地方立法权的特殊立法权。因此，变通立法包含于其授权立法中，授权立法的性质决定了变通立法的性质与效力位阶，这也可以解释为什么经济特区变通立法的效力位阶高于普通地方立法。在中国特色社会主义法律体系当中，特区立法变通权属于特别法，经济特区变通立法特性取决于其授权立法，而不能仅仅将其等同于授权机关职权立法的特性。

从立法的主体地位看，各个经济特区相继被授权后，经济特区所在地省、市的权力机关都可以是立法主体，在历史上经济特区所在地政府也曾是立法主体。授权立法的行使主体是地方立法主体，也决定了经济特区变通立法的区域性，即具有地方性。

从调整的社会关系看，经济特区授权立法只能调整本区域内的社会关系，其调整的社会关系具有区域性，也就是具有地方性。从调整社会关系这个维度看，其授权立法仍然具有地方性，也再次决定了其变通立法的地方性。

从适用范围看，从2015年《立法法》第七十四条的规定看，经济特区授权立法仅适用于相应经济特区区域内；第九十条第二款也规定，经济特区法规根据授权对法律、行政法规、地方性法规作变通规定的，生效范围仍然局限于本特区区域内，这又决定经济特区授权立法适用范围的区域性。

（2）特区立法变通权的边界

《92决定》和《立法法》的相关规定是经济特区立法变通的合法性和正当性的基础。因此从《92决定》和《立法法》的相关规定入手，我们可以得出深圳特区立法对上位法“变通”的范围界限，即特区立法的变通权限的边界在于：

一是这种变通不能突破宪法和宪法性法律的具体规定。宪法是国家的根本大法，具有最高的法律效力，《宪法》第二条第二款规定，人民通过全国人大及地方人大行使国家权力。因此，只能由地方人大及其常委会行使经济特区特区法规的立法权，制定特区变通法规的权力也只能归属于地方人大及其常委会，其他任何机关、社会团体均无权制定变通法规。2004年的宪法修正案增加了国家尊重和保障人权的条款，修改后的第三十三条至第五十条以列举的形式，明确了我国公民享有平等权、政治权利和自由、人身自由、人格尊严及保护等各项基本权利和自由，特区立法变通必须遵守相关规定，不得有涉及侵犯公民基本权利和自由的内容。

二是这种变通不能违背法律与法规的基本原则。法的原则是法的基础性原理，是为具体规则提供基础或本源的出发点。一部法律或行政法规的原则体现了该法律法规的基本精神，是最重要的核心内容。有的原则是通过具体的条文进行明确规定，有一些则需要从相关规则中加以提炼，存在一定的解释空间。应当基于一种动态的立场去认识和理解法的原则，不必过分拘泥于立法者在制定法律时的主观意图。我国处在日新月异大发展大变革的时代，在改革开放初期甚至是改革开放之前制定的法律法规中，许多理念和认识已经不再契合也无法满足当前经济社会发展的需要，因此对于这部分法律法规，在从具体的规则中提炼和平衡法的原则时，应当允许在符合文义的限度内，进行最大范围的理解，坚持与时俱进，与宪法的原则、党中央治国理政的新理念新思想新战略等相结合，防止思想上的拘泥僵化。

三是不得超出《立法法》中的法律保留事项。《立法法》所要解决的最重要的问题之一，就是中央与地方之间立法权限的分配问题。2000年《立法法》首次以列举的方式明确了，只能由国家最高立法机关进行立法的事项，对归于全国人大及其常委会专属立法权的事项，只能由法律进行规定，特区法规无权作出创制性规定，更不能变通：①涉及国防、外交等国家主权事项；②立法机关、司法机关的产生、组织和职权；③民族区域自治制度、特别行政区制度、基层群众自治制度；④犯罪和刑罚；⑤对公民基本权利的剥夺和限制；⑥对非国有财产的征收；⑦民事基本制度；⑧基本经济制度以及财政、税收、海关、金融和外贸的基本制度；⑨诉讼和仲裁制度；⑩必须由全国人民代表大会及其常务委员会制定法律的其他事项。此外，2015年修订《立法法》时还增加了“税种的设立、税率的确定和税收征收管理等税收基本制度”作为专属国家立法事项。通过明确规定立法权限分配，为经济特区变通法规划出了不可逾越的界限范围。

四是这种变通权应当控制在为特区经济发展所特别需要的事项。在适用经济特区立法对上位法的变通时，充分考虑该变通的合理性、可行性，研究其是否与国家的改革政策相适应，在操作上还可以事先与国家有关部委沟通等等。《92决定》为经济特区立法设定的前提条件之一是根据当地的“具体情况和实际需要”。所谓“具体情况”应当结合国务院议案中的特区立法授权目的进行理解，即为了加快深圳经济特区的建设，进一步实施对外开放政策和发展社会主义商品经济。应当认为，属于“具体情况”的事项需为经济特区与一般的行政区域有所不同的、体现经济特区独特性的事项，最大的“具体情况”即为一个“特”字，通过特区立法变通权保障、维护经济体制、政策上的“特”，为经济特区的建设发展提供坚实的法治保障。

二、深圳经济特区立法实践与现状分析

改革开放以来，深圳在众多领域都发挥了先锋作用，除了经济层面，还在许多尚未作出规范的法律领域，以结合实际的方法论，以勇于创新探索的精神，进行试验性和先行性立法，弥补了国家层面的不足。

（一）深圳特区立法的发展历程

1. 改革开放初期的“送法”阶段

1980—1992 年是深圳经济特区立法的起步探索阶段。深圳作为经济特区并无独立的立法权，只能依赖国家和广东省“送法”。随着 1980 年深圳特区的正式建立，经济特区在改革开放中也承担了独特的使命。不过在对外的经济交往之中，外资出于对国家政策和政治体制的考量，往往缺乏足够的进入动力，出于吸引投资的需要，客观上需要对改革开放区域进行政策制度的倾斜，所以，在这种情况下产生了特区的专门立法。

根据我国的宪法规定，省级单位的人大及其常委会享有地方立法，比如 1998 年新增的海南经济特区作为省级行政区域，享有宪法所规定的特殊立法权，可是以深圳为代表的市级地方政府并不享有地方立法权。当时，如果出现法律冲突和需求的时候，只能采用“曲线救国”的方式，也就是把立法需求上报给国家立法机关，再由全国人大制定出适应经济特区建设和改革需要的法律法规。同时省级单位的人大及其常委会由于享有地方立法权，可以通过制定地方法规的方式来为经济特区提供间接支持。1992 年之前，广东省人大常委会为深圳经济特区制定并颁布了 8 项适用于深圳经济特区的法规，这些法规是：①深圳经济特区土地管理暂行规定；②深圳经济特区商品房产管理规定；③深圳经济特区涉外经济合同规定；④深圳经济特区技术引进暂行规定；⑤深圳经济特区抵押贷款规定；⑥深圳经济特区与内地之间人员往来管理规定；⑦深圳经济特区涉外公司破产条例；⑧深圳经济特区土地管理条例。

2. 授权立法后的自主立法阶段

1992—2000 年是深圳经济特区立法的快速发展阶段。1992 年 7 月，全国人大常委会通过《全国人民代表大会常务委员会关于授权深圳市人民代表大会及其常务委员会和深圳市人民政府分别制定法规和规章在深圳经济特区实施的决定》，正式授予深圳经济特区享有地方立法权。

《92 决定》可以说直接拉开了深圳经济特区自主立法的序幕，开展了许多先行性立法。比如深圳制定的《有限责任公司条例》《股份有限公司条例》就在国家《公司法》出台之前；在国家《劳动法》《劳动合同法》正式出台之前，深圳作为早期的市场经济试验田就率先出台了《劳动合同条例》《劳务工条例》；在物业地产方面，深圳则出台了《房地产转让条例》《房屋租赁条例》《住宅区物业管理条例》；另外还有一些《律师条例》《政府采购条例》等等，都走在了国家立法的前面，可以说做出了极为有益的尝试。

此外，在已有法律和行政法规的框架下，深圳又根据自身需要，进行了突破性尝试。开展了少量突破性立法，比如 1996 年，深圳就制定了自己的《深圳经济特区道路交通管理处罚条例》，该条例无论是在处罚方式、罚款数额等方面突破了我国《道路交通管理条例》的具体规定，这和深圳当时的经济发展水平已经进入我国前列息息相关，这种做法一开始也受到了“违法立法”的质疑，道路交通管理立法大幅提高罚款数额的做法极其典型，也引发了突破立法的边界问题的学术探讨。回过头来看，条例实质并未违反原法处罚的原则，只是变通了数额规定，并未突破授权立法的边界。

3. 双重立法权后稳步提高阶段

2000—2016 年是深圳特区立法的稳步发展阶段，因为 2000 年颁布的

《立法法》赋予了深圳等市级经济特区法定的制定地方性法规的职权（即职权立法），正式规定了经济特区中授权立法类型，并首次以列举的方式将专属国家立法事项予以明确规定。因此，从2000年开始，深圳授权立法的速度有所减慢，从1996年至2000年，使用经济特区立法权进行立法的情况发生了50次，而从2001年至2005年，总共仅为16件（不过深圳整体立法速度减缓的宏观背景也是重要原因，同期用一般地方立法权立法数量为24件）。

这一阶段，深圳经济特区立法的重点也有所转变，特别是从过去单一偏重经济发展方面立法，开始谋求更多元化的立法，特别是转向了更加侧重城市的综合管理和对社会各阶层利益的保障，如《深圳市城市规划条例》等维护和发展城市功能的立法；2012年6月28日，深圳市五届人大常委会第十六次会议通过的《深圳经济特区性别平等促进条例》尤其特别，这是我国内地以性别平等为主题立法的首次尝试。此外，2010年7月，深圳经济特区的范围扩展到整个深圳市，宝安、龙岗两区纳入特区范围，深圳结束了“一市两法”的时代。

4. 用好用足立法变通权的新阶段

2017年至今，在新的历史形势下，在深圳建设粤港澳大湾区和社会主义先行示范区的关键时期，经济特区立法权的继续存在仍然具有重要价值。2019年7月24日，中央全面演化改革委员会第九次会议审议通过的《中共中央、国务院关于支持深圳建设中国特色社会主义先行示范区的意见》，正式推动特区立法变通权进入全新阶段。文件中明确指出，支持深圳“用足用好经济特区立法权，在遵循宪法和法律、行政法规基本原则前提下，允许深圳立足改革创新实践需要，根据授权对法律、行政法规、地方性法规作变通规定。”《意见》对特区立法权的“变通”作出明确规定，是中央赋予深圳新的法治使命，鼓励深圳继续创新，做好先行先试的职责。

2020年10月14日，习近平总书记在深圳经济特区建立40周年庆祝大会上发表重要讲话，对做好深圳综合改革试点提出了明确要求，指出党中央决定以深圳经济特区建立 40 周年为契机，支持深圳实施综合改革试点，以清单批量授权方式，赋予深圳在重要领域和关键环节改革上更多自主权。伴随着中国特色社会主义先行示范区的建设，深圳特区的立法也有了新的遵循。深圳应当在法定界限内，用好用足国家赋予的变通立法权，解决深圳在综合授权改革中的一系列难点问题，为深圳的发展创造更大的制度空间，为全面深化改革提供法治保障，为深圳完成“双区”建设使命提供更加澎湃的动力。

（二）深圳特区立法体系梳理

1. 深圳的经济特区法规的概况

一是特区立法的整体情况。第一，就整体的地方性法规而言，截至 2021 年 6 月 10 日，特区法规体系共 815 项。其中，现行有效 358 项，及时修改完善的 284 项。深圳与国家发展同呼吸共命运，在 20 年的立法实践中，其法律体系也与国家整体法律体系相协调，总结特区地方性法规的发展，在国家大环境的基础上能够进一步与国际惯例相衔接，最终形成了适应经济特区自身发展特点的、较为完备的地方性法规体系。第二，就地方性法规的不同类别而言，作为设区的市，其地方性法规共 116 部，同时经济特区法规 699 部。从内容上讲，这些法规涵盖了政治、经济、文化诸多方面，确保了深圳在活跃发展的同时有规可循、有法可依，为深圳的经济发展和政治建设打下了坚实基础。第三，就经济特区法规而言，截至 2021 年 6 月 10 日，深圳运用经济特区立法权共制定经济特区法规 699 件，在地方性法规的数量占比高达 85.77%。第四，就特区法规的类型而言，以“条例”形式颁布的有 580 部，占总数的 82.98%，其次是“规定”87 部，占 12.45%，针对上位法制定“实施办法”或者“实施规定”的有 46 部，占 6.58%。第五，就立法时间而言，在 1992 年至 1999 年之间颁布的特区立法有 173 部，2000 年至 2016 年之间颁布的特区立法有 305 部，2017 年至今颁布的特区立法有211部。这些数据反映了经济的发展过程中，社会环境也日益复杂，对立法的需求也日趋强烈，也正是在这种形式下，特区立法才体现出了独有的特色。

二是特区立法的法规内容。经济特区法规699部，涵盖了政治、经济、文化和社会等方方面面，其中：涉及宪法的14部、涉及国家机关的1部、涉及机关工作的25部、涉及法制工作的34部、涉及疫情防控的1部、涉及扫黑除恶的1部、涉及营商环境优化的16部、涉及自由贸易试验区的1部、涉及律师的6部、涉及公证的5部、涉及华侨事务的6部、涉及公安的56部、涉及民政的5部、涉及民法的12部、涉及合同的6部、涉及知识产权的5部、涉及反不正当竞争的5部、涉及改革开放的2部、涉及统计的3部、涉及土地的18部、涉及资源的22部、涉及能源的1部、涉及国有资产的2部、涉及财政的6部、涉及税收的3部、涉及财务的2部、涉及会计的16部、涉及审计的19部、涉及外汇的5部、涉及租赁的7部、涉及价格的1部、涉及保险的4部、涉及企业的11部、涉及公司的8部、涉及建设业的34部、涉及工业管理的3部、涉及农业的4部、涉及林业的8部、涉及牧业的1部、涉及水利的11部、涉及交通运输的14部、涉及邮政电讯的5部、涉及旅游的10部、涉及咨询的5部、涉及房地产的32部、涉及商贸物资的10部、涉及对外经贸的1部、涉及海关的6部、涉及特区的75部、涉及开发区的1部、涉及工商管理的15部、涉及计量的9部、涉及质量管理和监督的9部、涉及劳动工会的30部、涉及人事的7部、涉及环境保护的46部、涉及教育的16部、涉及科技的15部、涉及文化的11部、涉及卫生的25部、涉及人口与计划生育的4部、涉及体育的3部、涉及刑事诉讼的1部、涉及突发事件的1部。

三是特区立法的修改与失效的情况。截至2021年6月10日，现行有效特区法规300项，现行有效率42.92%；修改特区法规235项，修改率33.62%；失效特区法规160项，失效率22.89%。法律法规的修改与失效都代表了法律法规的更新与更替，是法律法规生命力的体现。深圳除了在立法方面比较先进，整个的特区立法还保持了一种能进能退的合理生态系统，深圳市人大也能够跟上时代的步伐，对法规按照现实情况不断进行修改。从法规的失效情况来看，部分法律是因为废止而失效，其原因主要包括几个大类：第一种，是由于国家政策方针的变化而导致旧法被废止，如党的十八届五中全会决定开放二孩政策，原有的计生条例失去了存在的理由，故《深圳经济特区人口与计划生育条例》被废止。第二种，是深圳市本地的相关政策发生变化，原有法规失去存在的依据，如 2008 年 8 月 1 日，深圳全面启用“居住证”，原有的“暂住证”制度没有存在的必要，故《深圳经济特区暂住人员户口管理条例》被废止。第三种，是已经重新制定新法，旧法自然被替代，譬如 1999 年 11 月 22 日颁布的《深圳经济特区行业协会条例》被 2014 年 1 月 8 日颁布的《深圳经济特区行业协会条例》(2014) 所取代，其中《深圳经济特区行业协会条例》(2014) 就是一部全新制定的法规，而非《深圳经济特区行业协会条例》的修改版。第四种，是新制定的法律法规涵盖了旧法规调整的社会关系，原有的条例需要重新定位，如新的劳动法颁布，《深圳经济特区劳务工条例》内容已经被涵盖其中，同时部分内容与劳动法相冲突，就应该被废止。也有新法颁布，而旧法自动失效的情形，如《深圳经济特区企业员工基本养老保险条例》由于《深圳经济特区社会养老保险条例》的出台而失效。

四是特区的立法目的，坚持了根据当地的具体情况并且确有需要的情况下才制定法规。第一种情况是由于深圳作为对外开放的港口和试验田而进行的。最典型的情况就是在改革开放的时候，深圳率先引入外资，而一般的行政区域并没有实施类似的开放政策，那么为了保障外部资金股东的正当权利，就在企业破产清算中决定由清算主管机关组织清算，而制定了《深圳经济特区企业清算条例》，对国务院《外商投资企业清算办法》里面规定的相关由企业成立清算委员会进行清算进行了相关的变更。第二种情况是由于深圳率先进行市场经济改革，而出现了一些传统经济体制政策环境下未出现的新问题，这种情况往往没有特殊的政策改变要求，主要体现在一些居民、学校等民用范围，此时深圳会通过制定地方性法规进行规范，比如规定用水、用气等等。第三种情况是由于深圳率先发展，造成了经济高度发达的结果，使得某些事项需要进行特殊处理，比较典型的就是提高了交通违法行为的处罚金额，因为交通违法行为处罚过低就起不到维护交通秩序的结果。还有就是深圳出现了很多的公司主体，这与传统的个体工商户主体是不同的，需要通过特区立法进行商事登记等方面的改革。

五是在综合授权改革发展的新阶段，深圳市人大常委会用足用好特区立法权，以高质量立法引领深圳改革发展。2010 年至今，深圳新制定法规 15 部，修改法规 7 部。其中，《深圳经济特区个人破产条例》作为我国首部个人破产立法，是借鉴了国际做法的先行先试，有助于帮助失败的企业家重新出发，也使得深圳的市场经济是有进有退的合理生态；另外《深圳经济特区科技创新条例》《深圳经济特区城市更新条例》分别是我国首部覆盖科技创新生态链的地方性法规和城市更新立法，其中提出的职务科技成果所有权 70% 以上归属完成人，政府可对不满意征收的征收人进行个别征收，都引领了相关立法空白；由于特区中的特区——前海蛇口自由贸易试验区的设立，深圳还制定了《深圳经济特区前海蛇口自由贸易试验片区条例》，自然也成了我国首部自贸片区立法。深圳建设先行示范区，这些法规则是强有力的法治保障，作为重大的改革举措，也为国家层面和其他地区立法积累了经验。

2. 特区立法权行使与类别分析

如前所述，经济特区立法权的本质是一种兼具国家立法权与地方立法权的特殊立法权，因此具备实施国家法律、创制地方法规和立法创新的三重功能。在实践中，经济特区立法的立法类型可以分为变通性立法、先行性立法和操作性立法三个大类。其中，变通性立法主要是为了适应特区自身的特殊城市情况进行的立法；先行性立法主要是指在时间上，国家相关法律尚未出台而地方也迫切需要而进行的立法；另外一种操作性立法，实际上是根据特区实际需要，把已经颁布的国家法律、法规进行补充和细化，所以也可以理解为实施性立法。

需要注意的是，本报告中所指的这三种立法类别既可以指的是某部法规的主要特征，也可以指的是某部法规中的某个条款的主要特征，如某变通性法规中的很多条款也是对上位法的进一步的细化和明确，所以我们可以说这部法规是变通性立法，而其中的某些条款是实施性和补充性立法。

（1）变通性立法

立法变通权是经济特区立法权的一项重要内容，从法律效力而言，其制定的变通规定在本经济特区范围内相对于一般的法律、行政法规来说，具有优先适用的效力。在20多年的立法实践中，立法变通权发挥了重大作用，不过这种权力的发挥有其特定的主体，也就是深圳市人大及其常委会，需要根据深圳经济和社会发展的需要而作出。同时，立法变通权，不得违背宪法、法律和行政法规的基本原则。立法变通权实际上是对法律、行政法规刚性规定的本地化，在实践中解决了深圳遇到的一系列难点问题，也保障了深圳的发展，典型如《道路交通管理处罚条例》《市容和环境卫生管理条例》《全面禁止食用野生动物条例》等等。

立法变通权是特区立法区别于一般地方立法的重要特征，对经济特区和全国的改革发展发挥了巨大的推动功能。以《深圳经济特区城市供水用水条例》和其上位法《城市供水条例》为例，可以分析变通类法规对上位法变通发挥的主要功能：

一是对上位法具体条文的变通。上位法第九条规定："县级以上城市人民政府应当组织城市规划行政主管部门、水行政主管部门、城市供水行政主管部门和地质矿产行政主管部门等共同编制城市供水水源开发利用规划，作为城市供水发展规划的组成部分，纳入城市总体规划"，变通第七条规定为："市水务主管部门应会同有关部门，根据国民经济和社会发展计划编制城市供水规划。城市供水规划应纳入城市发展总体规划。城市供水规划报市政府批准后，由市水务主管部门组织实施。未经市政府批准不得变更"。第八条规定为："市水务主管部门应根据城市供水规划对城市供水水源进行统一规划、统一开发、统一调配和统一管理"。

二是以细化和补充方式对上位法具体条文变通。上位法第十四条规定："在饮用水水源保护区内，禁止一切污染水质的活动。"变通立法第十条规定："在饮用水源保护区内，禁止一切污染水源的活动，城市供水水源的水质应达到国家规定的水质标准。"第十一条规定："市水务主管部门、环境保护部门应对城市供水水源的水质进行监测。"

三是以创制的方式对上位法具体条文变通。其立法第十八条规定："用水单位应逐步采取循环用水、一水多用、海水利用或其他节水措施，进行用水单耗考核，降低用水量。市水务主管部门应会同有关部门定期组织对用水单位开展水量平衡测试，合理评价用水水平。经测试发现不符合有关节水规定的，用水单位必须及时采取措施，整治改进。"除了实质条款内容，变通立法在体例、结构上都与上位法有明显不同。

（2）先行性立法

这里的先行性立法仅指在国家相关法律尚未出台的情况下进行的先行立法，而并非指那些具有先行先试功能的立法，因为特区制定的很多变通类立法同样具有很强的突破性，发挥了先行先试的功能。如《深圳经济特区个人破产条例》是我国首部个人破产立法、《深圳经济特区城市更新条例》是我国首部城市更新立法等。虽然最开始深圳市作为改革开放的试验区，但后续在市场经济的发展过程中，无论是经济、社会还是文化方面都走在了前列，而且在制度创新、法治建设、生态保护等方面也有重大的突破。那么当现行法律规定不够完善的时候，深圳立法机关就可以利用其先行先试的立法功能引领和推动，特别是对立法空白的地方有的放矢，对本地事务进行规范，非常典型的如生态文明领域，深圳经济特区就有涵盖水、空气、海洋、噪声、垃圾等诸多方面的20余部立法，充分发挥了先锋作用。

在这些先行性立法中，一方面，有直接早于国家法律、行政法规出台的，如，在《公司法》出台之前，深圳就率先制定了《股份有限公司条例》《有限责任公司条例》，这是和大量公司率先在深圳起步息息相关，这两部对公司进行规范的条例，以及后面出现的调整都为国家后来制定《公司法》提供了有效借鉴。同理，还有《律师条例》为国家制定《律师法》提供了经验，《公民无偿献血及血液管理条例》为国家制定《献血发》提供了范例,《心理卫生条例》为《精神卫生法》提供了宝贵的素材。

另一方面，有国家对相关领域尚无法律、行政法规规定的情况，这更体现了深圳的地方性特点。如物业管理的法律概念就是1994年深圳在《住宅区物业管理条例》中首次提出，本条例中不仅探讨了业主地位、产权关系，还明确了业主大会、业主管委会制度，为制定相关的物业管理法律制度奠定了基础。除了典型的物业条例，还有大量的地方性法规都填补了国家立法空白，比如《欠薪保障条例》《保障性住房条例》《建筑节能条例》《商事登记条例》《文明行为促进条例》《医疗条例》《质量条例》《警务辅助人员条例》等，之后国内其他省市也对此有大量借鉴。

从这些先行立法的制定过程看，很好地体现了国内实际与国际规范，特别是对海外立法的成功经验多有借鉴。《和谐劳动关系促进条例》中有关破产财产优先支付职工工资的规定来源最早的法国民法典，而有关劳动争议行动的冷静期制度就来源美国的劳工法。再比如，法国、加拿大处理集体协商问题已经比较有经验,《集体协商条例》就进行了引进。制度是技术发展的根本保障，立法上的创新不仅在我国立法史上功勋卓著，同时也引领了深圳文化，在特区立法权为高新技术产业发展保驾护航的背景下，也诞生了华为、腾讯、大疆等一批具有全球竞争力的创新型企业。

实践中经常出现的问题是，经济特区的某些先行性立法，在立法的时候并无明确的上位法依据，但随着时间的推移，国家法律体系的完善，法律、行政法规等上位法对原来属于特区先行先试性立法事项作出了新的规定，但却与深圳的先行性立法发生冲突，此时，这些曾经的先行性立法能否转化成变通立法而继续具有优先效力呢？课题组认为，这类先行性立法不能转化成变通立法，从而具有优先于法律和行政法规的效力。如果将先行性立法在上位法出台后仍然不对冲突的条款进行修改并等同于行使了特区变通权，就意味着毫无根据地扩大了法律上“变通”性质。而如果严格依照《立法法》的规定，变通立法一定要有上位法的依据，而变通性立法是最低程度地改变上位法。因此，这类立法在司法实践中，不具备优先于上位法的效力。

（3）操作性立法

操作性立法，或者说实施性和补充性立法，指的是为执行上位法律、行政法规的规定，在本行政区域范围内作出更具体的细则性事项，实施补充功能。实施性和补充性立法，既是上位法的延续，又是特区立法对上位法的细化。

一般来说，实施性立法创新较少，主要是在上位法范围内做适当的细化，在立法操作上很多条文内容与上位法重复或者相似。现实中，深圳特区立法中针对上位法制定“实施办法”或者“实施规定”的仅有30部，占所有特区立法的比例为4.37%。深圳行使特区立法权结合本地区的实际情况，为原则性、概括性的法律条文提供实施办法或细则的上位法有如下几部：《中华人民共和国反不正当竞争法》《中华人民共和国消费者权益保护法》《中华人民共和国未成年人保护法》《中华人民共和国归侨侨眷权益保护法》《中华人民共和国教师法》《印刷业管理条例》《中华人民共和国残疾人保障法》《医疗机构管理条例》《中华人民共和国固体废物污染环境防治法》《中华人民共和国工会法》。

（三）深圳现有变通类立法的合法性分析

1. 是否遵循了变通立法底线？

根据立法法的相关规定，不同的法律法规有相互的位阶关系，因此深圳进行变通类立法，首先不能突破法律和行政法规的基本原则。法律原则从分类上讲，具体又包括公理性原则与政策性原则，实体性原则与程序性原则等等。通过“原则”这一关键词对深圳56部变通类立法和其上位法进行检索，其中32部变通类法规中出现了对原则的规定。具体分析，从类别上看，深圳特区立法中的“法律、行政法规的基本原则”都是或属于部门法原则而不是法律原则，都是政策性原则而不是公理性原则，都是程序性原则不是实体性原则。总体而言，经济特区对法律原则的理解和规定，主要集中在中观和微观层面。

在实践中，深圳特区的变通类法规如何与上位法在关系处理时，“遵守法律、行政法规的基本原则”相对灵活，既可以完全与上位法中的原则一致，也可以在遵守法律、行政法规的基本原则的同时创制新的原则，具体包括以下几种情况：

一是采用完全重合的基本原则，例如，1995年的《深圳经济特区城市供水用水条例》、1999年的《深圳经济特区消防条例》和2010年的《深圳经济特区中医药条例》，经济特区立法就规定“遵守法律、行政法规的基本原则。”

二是采用部分重合的基本原则，例如，1999年的《深圳经济特区市容和环境卫生管理条例》中立法原则的表述为：“实行统一领导下的辖区责任制，坚持专业人员管理与群众管理相结合、教育与处罚相结合的原则、先建后拆的原则。”其上位法《城市市容和环境卫生管理条例》中的立法原则表述为：“实行统一领导、分区负责、专业人员管理与群众管理相结合的原则。”总结这一类经济特区立法，是在“遵守法律、行政法规的基本原则”的同时又在法规中创制了具体原则。

三是创制了上位法没有的原则。例如，2014年的《深圳经济特区促进全民健身条例》中立法原则表述为“政府引导、社会支持、市民参与的原则”，2014年的《深圳经济特区无偿献血条例》中立法原则表述为“方便无偿献血者献血的原则。”这些原则都是上位法没有进行规定的。

2. 是否符合变通立法的目的？

进行变通立法，是为了适应国家的区域建设进程和深圳特色发展过程中的一种例外做法。进行变通立法，应当符合其立法原意，通过对深圳变通类立法的分析发现，具备以下特点：

一是深圳进行变通类立法是针对深圳特区建设的一种常态化安排，立法具有很强的及时性和回应性。整体看，深圳变通类法的权利被赋予之后，长期非常活跃，对社会关系的调整具备很强的回应性，具体在立法、修法、改法、释法方面都有体现。第一，变通类立法质量高、频率高，从

1993年开始，几乎每年都有变通类立法出现，特别是1995年和2012年出现了两个高峰。第二，特区修正法规回应快、程序快，在过去的近30年内，特区修正法规的活动也非常频繁，对特区的社会发展变迁进行了快速回应，特区立法机关也表现出了高效和专业，特别是在1997年、2004年和2012年出现了三次法规修正高峰。第三，从法律废止的情况看，2002年深圳变通立法出现第一次废止，之后伴随着社会条件的变迁，法规废止情况也经常发生。不过变通类法规的解释情况仅在2000年由深圳市人大常委会行使权利进行过一次。

二是变通类立法涉及经济、社会、政治，甚至生态、文化诸多方面，但是整体围绕国家宏观政策和规划进行回应。首先，变通类立法没有领域的特别限制，关注广泛的领域。同时，由于深圳地区的特殊性，经济领域和社会领域的变通立法，约占各变通类立法的三分之一，尤其经济领域的变通立法是每届人大立法的重心，且现行有效变通类立法中社会领域法规数量最多，而政治、文化类变通类立法并不活跃。近年来，逐步从经济和社会两个重要方面开始向文化、生态延伸，这和国家提出进一步加强文化建设和生态文明建设是息息相关的。

（四）深圳特区立法取得的成效

伴随着深圳经济特区在不同时期的发展要求，特区立法为其制度建设、改革创新、文化发展都发挥了极大的保障作用和促进作用，同时由于深圳特区立法的先行效果也为其他区域和国家立法提供了有益的经验。可以说，深圳特区立法的价值是两个层面的，既促进了全国法制建设，也通过细微落地的行动推动了深圳自身的改革和发展。

1. 特区立法对法治建设具有积极意义

首先，经济特区立法丰富并完善了中国特色社会主义法律体系。2011年1月24日，中共中央政治局常委、全国人大常委会委员长吴邦国在形成中国特色社会主义法律体系座谈会上指出，一个立足中国国情和实际、适应改革开放和社会主义现代化建设需要、集中体现党和人民意志的，以宪法为统帅，以宪法相关法、民法商法等多个法律部门的法律为主干，由法律、行政法规、地方性法规等多个层次的法律规范构成的中国特色社会主义法律体系已经形成。在中国特色社会主义法律体系的建成中，经济特区立法发挥了不可替代的独特作用。作为一种特殊的立法类型，无论是通过授权立法还是依职权立法制定的法律规范性文件都属于整个法律体系不可或缺的部分，而且由于其立法活跃、立法质量高，不断充实着中国特色社会主义法律体系的规范内容，扩大了系统的内涵。由于深圳特区处于中国经济和社会的改革前沿，整体也被看作中国未来发展的缩影，立法机关针对特区的情况开展的法律制定活动、法律修改活动甚至法律废除和解释活动都可能为整体的法律体系进行摸索探路，提供修改、完善的重要指引。

其次，特区立法为国家层面制定规范和立法提供了宝贵的经验积累。早在中国经济发展的过程中，邓小平同志的“摸论”和“猫论”都是指导我们发展的重要方法论。建设中国特色社会主义的法律事业并没有完全的国外模板和标准，正是在这个过程中，对更加宽松和独立的经济特区试验田进行先行先试并不断修正，才是正确的方法论。在深圳特区率先进行探索性立法，积累经验，不断完善，最后推广到其他地区乃至全国成为了有效的立法模式。深圳以点带面，为国家立法积累经验，甚至引领国家立法创新和改革的例子不胜枚举。比如 1993 年，在公司法还没出台的情况下，深圳面临公司企业发展快、大多缺乏规范的迫切形势，率先制定了针对公司进行规范的条例，对公司的许多行为进行明确指引，完善法人治理结构、财务需求，不仅满足社会的迫切需要，还促进了当地的经济发展，也为国家制定一部具有广泛应用性和长期稳定性的公司法积累了宝贵的意见。除此之外，关于企业破产清算、政府采购等多个方面的先行先试规范也都为国家最终制定法律提供了有效的模板。

最后，体现深圳特色的特区立法，在保持法治统一性的前提下提高了法律可操作性。中国幅员辽阔、人口众多，新中国成立以来，进行了较为彻底和系统的法治建设，不过整体缺少长期的社会根基，推进中国的法治建设伴随着一整套价值观体系和体制机制建设，也必然需要通过重组社会结构来进行法治建设。由于全国各地经济、文化存在巨大差异，更加重了我国立法的难度，在硬性合法外，如何围绕法周边的一整套当地“软法”规则进行建设，防止水土不服，提高法律可操作性是特区立法需要考虑的重点问题。经济特区的立法首先要以最高国家权力机关，也就是全国人民代表大会的授权为前提，以保证全国法治体系的完整性和统一性，同时经济特区的授权立法又有比较强的自主性，甚至可以对法律在本地区的实施进行一定的变通，经过 40 多年的立法实践，深圳掌握了一套与国家法律体系相协调、与国际惯例不冲突、适应本地深圳发展的特色法规体系。

2. 特区立法对改革开放起到引领作用

一是经济特区立法为经济特区的发展提供稳定的制度环境。可以说自改革开放以来，深圳从未缺席国家各个领域的行动路线，并从中汲取自身的发展动力，形成了较为明显的制度优势，而稳定的制度环境，正是资本长期投资与企业持续经营的保障。隔海相望的香港，也正是其法律法规体系保驾护航，为其金融业长期稳定发展提供制度基础。比如香港在税收制度和资金自由流动等多个方面具备优势，整个金融市场运作市场化，货币调整灵活高效，具备较强的风险承受能力。对深圳而言，充分利用其特殊的立法权地位，建立了具有较强约束力的刚性制度，在追求较为长期的制度红利和政策倾斜以外，塑造稳定的制度环境，可以保证较长时间内的预期，进而降低行为成本、道德风险，激励投资和企业长期建设，为经济特区的长远发展提供源源不断的动力。

二是经济特区立法为经济特区的改革营造宽松的制度氛围。宽松的发展氛围对创新型企业具有更好的包容度和吸引力，经济特区是国家改革的前沿阵地，不断创新是其价值和生命力所在，因此需要建立较为宽松的制度氛围，引导各界的创作激情，让他们积极作为，将改革进行到底。仍然以香港作为对比，香港各类政策透明，对企业创新也更加包容，企业上市条件相对宽松，获得审批的可能性高，全球的货币兑换较为便捷，才能长期保持国际金融中心的地位。而深圳的变通性立法本身就体现出了一种试错文化，正是制度上的宽容才能带来技术上的宽容，大量具有试错精神的企业参与深圳建设，通过长期充分竞争，筛选出稳健的市场参与方，也有助于形成公平的市场生态。

三是经济特区立法完成中央在不同时期赋予的各种使命。在过去的长期发展中，深圳经济特区利用其制度优势，最终实现了经济的快速飞跃和社会的高速发展。制度铺路，改革的快车才能顺利进行，利用了经济特区立法权，深圳在不同时期高度呼应了中央的宏观政策导向，也完成了不同时期的阶段性任务，如市场经济试验田、世界一流科技园区、国家自主创新示范区、建设社会主义法治示范区、国家生态文明示范区等等。如今，站在历史的新起点上，党中央国务院又赋予了深圳建设粤港澳大湾区和中国特色社会主义先行示范区的重大历史使命，并以综合授权改革的方式来体现对深圳改革开放和创新发展的高度重视，这意味着特区立法更要在新时代发挥应有的改革先锋作用。

四是特区立法引领高效决策、巩固改革成果、完善制度创新。中央通过对经济特区实行一揽子的授权，是坚持改革和法治的统一，充分运用经济特区立法预留的改革空间，使改革于法有据，是运用法治思维和法治方式进行改革的典型范例。深圳特区把完善立法决策和改革创新决策紧密结合在一起，用立法引领创新，用立法巩固改革成果，用立法完善制度创新，努力在“试验”功能上实现“破”与“立”的辩证统一。例如，为了进一步适应市场经济规律，深圳就制定了土地出让、物业管理等相关法规，为了符合特区社会发展建设要求，就制定了如环境保护条例、环境噪声污染防治条例等等。目前虽然已经不是改革开放的初期，中央提出的社会主义先行示范区的期望，粤港澳大湾区的建设等改革开放的新任务，仍然而且更加需要经济特区立法继续发挥改革引领的作用，以立法的形式引领推动和保障制度创新，推动改革进入法治轨道。

三、综合授权改革试点维度下的特区立法

在取得一定成绩的同时，也要清醒地看到，深圳特区立法工作中还存在以下问题：经济特区法规创新力度需要根据数字经济时代的新特点进行提升；立法对改革的引领和推动作用发挥得还不充分；立法在破解影响高质量发展的体制性、资源性、结构性问题，助推粤港澳大湾区建设，优化法治化，国际化营商环境方面的作用还有待进一步提升等等。在当前和今后，要坚持党对立法工作的全面领导，坚持科学立法、民主立法、依法立法，将质量和效率作为考量深圳特区立法工作的关键词和考评项，突出人大在立法工作中的主导和中心作用，为推动深圳建设先行示范区与综合授权改革试点提供强有力的法治保障。

（一）综合改革对特区立法提出新要求

2020 年 10 月 14 日，在深圳经济特区建立 40 周年庆祝大会上，习近平总书记就做好深圳综合改革试点工作发表了重要讲话并提出了明确要求，党中央决定以深圳经济特区建立 40 周年为契机，支持深圳实施综合改革试点，以清单批量授权方式，赋予深圳在重要领域和关键环节改革上更多自主权。强调，要着眼于解决高质量发展中遇到的实际问题，着眼于建设更高水平的社会主义市场经济体制需要，多策划战略战役性改革，多推动创造型、引领性改革……这为深圳经济特区在新的历史起点上实现从头越、走好新长征指明了前进方向，也为深圳发挥其在特区立法层面的创新引领作用，协助提高其他区域立法技术，加快推进全国法治建设齐头并进提出了更高的要求。

1. 综合授权改革试点契机下的法治路径要求

（1）特区立法是推进综合授权改革的重要法治路径

此次改革试点，深圳在要素市场化配置优化、营商环境优化、城市空间利用优化等重点领域率先突破、大胆试新，引入清单式批量申请授权方式助力深化改革。此次试点授权改革，授权主体的身份和自有职权直接影响先行先试权的广度与深度，因此，根据《立法法》《中共中央、国务院关于支持深圳建设中国特色社会主义先行示范区的意见》以及《深圳市建设中国特色社会主义先行示范区的行动方案（2019–2025 年）》（以下简称《行动方案》）、《深圳建设中国特色社会主义先行示范区综合改革试点实施方案（2020–2025 年）》（以下简称《实施方案》）的相关规定，我们认为，在法治前提下，要用足用好经济特区立法权，必须就综合授权改革，及时形成立法需求清单，并针对立法的不同情形分别通过以下三种不同的途径进行先行先试：

一是深圳根据全国人大的授权，行使特区立法权，进行变通规定。即：在遵循我国宪法和法律、行政法规基本原则的前提下，结合特区发展的实际情况和改革创新的客观需求，在制定特区法规时对法律、行政法规、地方性法规作出变通规定。从国家的整个立法体系上看，经济特区立法权的实质是体制的改革创新性，其特点表现为先行性、试验性、突破性和补充性，一定程度上是对国家立法权的分享。在实践中，经济特区立法除了发挥规范社会行为的普适性作用外，还具有一定的功能导向作用，针对经济特区特有或较集中的问题，适度挣脱上位法的限制，并对现有制度进行创新、变通和完善，既解决了经济特区发展遇到的梗阻，也为国家立法提供宝贵的试点经验。当然，对于在综合授权改革试点改革中不可避免的法律冲突问题，行使特区立法权，尤其是立法变通权并非唯一途径，通过有关方面按法定程序向全国人大及其常委会或者国务院提出授权或者提请决定，来进行法律规则豁免或者在国家事权范围内制定单项法规也是重要途径。

二是提请全国人大、国务院具体确定特定的法律规则豁免。[①] 即：对于不适宜继续适用现有国家法律、行政法规的，按照法定程序上报司法部统一协调后，提请全国人大、国务院作出调整或暂缓适用的决定。为了保障深圳特区在改革开放中充分发挥先行先试的“排头兵”作用，《意见》提出“暂停或者停止实施法律法规”，对深圳经济特区进行综合性授权的改革试点，正是为了进一步探索“法律的空地”，依托经济特区独有的先行先试的制度优势大胆放手进行制度创新，为国家立法积累宝贵的经验和借鉴。一般来说，如果涉及的是行政法规层级的豁免，由国务院授权；如果涉及的是法律层级的豁免，则需要全国人大的授权。例如，2013 年通过的《全国人民代表大会常务委员会关于授权国务院在中国（上海）自由贸易试验区内暂时调整有关法律规定的行政审批的决定》，2014 年再次以“决定”形式授权国务院在广东、天津、福建 3 个自贸试验区及上海自贸试验区扩展区域暂时调整“三资企业法”和《台湾同胞投资保护法》中的 12 项行政审批规定。继全国人大授权文件后，《国务院关于在中国（上海）自由贸易试验区内暂时调整有关行政法规和国务院文件规定的行政审批或者准入特别管理措施的决定》，允许上海自贸试验区暂停执行特定行政法规和国务院文件，这些暂停执行的行政法规和国务院文件均是对全国人大常委会授权暂停执行的法律的实施细则或规定。

三是综合授权改革试点突破原有的中央立法事权保留限制。即：对于需要在国家事权范围内制定单项法规的，依法提请全国人大常委会授权。2000 年通过并生效的《立法法》确立了法律保留原则，这极大地限制了深圳经济特区立法工作的发展，先行先试的制度优势被极大削弱，在较长的一段时间内，深圳经济特区都相对谨慎地行使着立法权，在立法的改革创新上少有作为。《意见》的发布可谓一场“及时雨”，除了要求深圳特区“用足用好经济特区立法权”，还明确指出，在遵循宪法和法律、行政法规基本原则前提下，允许深圳立足改革创新实践需要，根据授权对法律、行

---

① 《立法法》第十三条：全国人民代表大会及其常务委员会可以根据改革发展的需要，决定就行政管理等领域的特定事项授权在一定期限内在部分地方暂时调整或者暂时停止适用法律的部分规定。

政法规、地方性法规作变通规定，更在“保障措施”部分提出：“本意见提出的各项改革政策措施，凡涉及调整现行法律的，由有关方面按法定程序向全国人大或其常委会提出相关议案，经授权或者决定后实施；涉及调整现行行政法规的，由有关方面按法定程序经国务院授权或者决定后实施。在中央改革顶层设计和战略部署下，支持深圳实施综合授权改革试点，以清单式批量申请授权方式，在要素市场化配置、营商环境优化、城市空间统筹利用等重点领域深化改革、先行先试。”这恰到好处地解除了《立法法》对深圳特区的过度限制，为经济特区立法工作解开了制度上的“捆仙索”。但是这并不意味着《意见》是对深圳特区立法权范围的扩大，实际上是新时代背景下的一项新的授权，本意是将特定的中央立法事权授予深圳特区，意味着深圳特区立法将担当起新的时代使命和改革任务，既要为粤港澳大湾区建设提供先行经验和方向指导，更要为中国特色社会主义法治建设提供法治示范。

（2）综合授权改革与特区立法间必须互促互进

虽然《中共中央国务院关于支持深圳建设中国特色社会主义先行示范区的意见》指出，“本意见提出的各项改革政策措施，凡涉及调整现行法律的，由有关方面按法定程序向全国人大或其常委会提出相关议案，经授权或者决定后实施；涉及调整现行行政法规的，由有关方面按法定程序经国务院授权或者决定后实施。”这意味着，对于在此次深圳综合授权改革试点中出现的法律冲突问题，除了行使深圳经济特区的立法变通权外，还可以通过适当修改法律、行政法规或者从中央获得特殊授权进行改革突破。但是，这种制度的创新方式也存在弊端：

一是适用标准高，只有涉及影响重大且必须由中央采取专门行动的重要事项才会被许可采取这种方式；二是授权时间长，不管是修订法律、行政法规还是从全国人大常委会或者国务院获得特殊授权，都需要经过一个复杂且漫长的程序；三是容错性差，全国人大、国务院如在作出特殊授权时都是极为慎重的，往往都需要有相关制度改革较为成熟的方案，然而这对深圳特区而言无形中添加了桎梏，既不现实也无必要。灵活、严谨、科学地用好经济特区立法权，特别是立法变通权，才是深圳实现法治创新、制度优化、社会改善的正确道路。但是这并不等于中央对经济特区的立法权完全放手，在涉及主权、跨区域等重要立法事项时，仍然要严格听从中央的指示，服从全国大局的安排。

因此，综合授权改革试点和特区立法权，如鸟之两翼、车之两轮，二者之间既存在着差异又互动共融，是相辅相成、互促互进的关系。一方面，用足用好特区立法权是打破综合授权改革瓶颈的法治武器。用足用好特区立法权就是寄望深圳以法治为武器，进一步破除体制机制障碍，蹚过改革深水区，跨越发展瓶颈期。另一方面，综合授权改革为深圳行使特区立法权指明了方向。中央支持深圳实施综合授权改革试点，为深圳下一步的特区立法实践指明了重点方向，在立法的广度、深度和路径等方面给予更大的空间，这意味着深圳在要素市场化配置、营商环境优化、城市空间统筹利用等重点领域可以放开手脚，在立法层面进行实质突破。

综上，综合授权改革试点和特区立法权，承担着为深圳更大规模更深层次改革探路护航的重要历史使命，统一于深圳当好新时代改革开放尖兵的伟大实践当中。只有将二者紧密结合，双轮驱动，才能从根本上解决重点领域在发展过程中面临的突出矛盾和问题，最终使改革成为聚力发展的最大公约数，让法治成为多元主体的最大公约数。

2. 改革决策与立法决策相衔接下的程序要求

改革与法治已逐渐成为当下中国最具时代特色的代言词。2014 年 2 月 28 日，习近平总书记在中央全面深化改革领导小组第二次会议上的讲话中强调，“凡属重大改革都要于法有据。在整个改革过程中，都要高度重视运用法治思维和法治方式，发挥法治的引领和推动作用，加强对相关立法工作的协调，确保在法治轨道上推进改革。”2015 年 1 月，习近平总书记在江苏调研时，又将新一届中央领导集体治国理政的总框架提升为“四个全面”，指出在全面建成小康社会的奋斗过程中，全面深化改革是根本路径，全面推进依法治国是基本方式和可靠保障，二者如鲲鹏双翼，共同促进改革目标的实现。习总书记的话帮助我们准确把握改革与法治二者之间的内在联系，作为推动社会发展的两种手段，其二者具有辩证统一、相辅相成的密切关系。法治追求的是“定”，是用制度来稳定社会行为；而改革则追求的是“变”，是通过创新来推动社会进步。这一“定”一“变”在一定条件下可能会发生矛盾或冲突，但也不能就此认为二者是冲突和对抗的，是不能共存的。我们必须将改革和发展辩证统一起来，使之融合在国家治理现代化的事业之中，充分发挥二者的合力，在法治的框架内最大限度地为改革松绑，在改革的进程中坚决维护法治要求，让改革与法治之间形成良性互动，共同为实现全面建成社会主义现代化国家的伟大目标助力。

（1）立法决策与改革决策相结合的必要性

改革是经济特区的主旋律，而立法则是改革的重要制度保障，是落实保留改革成果的具体表现，具有很强的导向性和功能性。在法律制度逐渐完备的大环境里，改革的“特区范式”开始向“授权试点范式”转换，是试点范式而不是总体制度设计方案，深刻体现了渐进改革的特点，反映了顶层设计与基层探索的有机互动。因此，我们必须以更加开放、科学的视角来对待经济特区的立法工作，双管齐下将授权立法与改革开放同步推进，以开放的心态和视野来审视经济特区改革过程中所出现的各种问题，同时不拘泥于成法的桎梏，在法律框架允许的范围内大胆创新、积极探索，只有这样才能使授权立法既符合经济特区的发展规律，又满足其特殊的发展需求。同时在立法实践中，还要注意将改革的成果通过法规或其他规范性文件的形式固定下来，形成良性循环，在未来继续帮助经济特区深化改革。

经济特区的最大的制度优势就是可以在其特区范围内制定区域性法规规章，为了充分解放生产力，给经济发展最大限度地扫清制度障碍，可以先立规矩后办事，即“制度先行”。当前我们正处于百年未有之大变局的时代，改革所面临的复杂性、不确定性前所未有，没有法治的的保驾护航，改革必然无法走远，因此法治思维的体现和法治方式的运用必须贯穿全面深化改革的全过程。将改革决策和立法决策相结合，将立法活动置于改革和开放的大局中设计运行，增强立法的针对性、及时性、系统性，推进科学立法、民主立法，发挥人大及其常委会在立法中的主导作用。

改革与法治的结合，具体体现为改革决策和立法决策的结合，然而我国在现有阶段尚没有现成的经验和方案模式可以直接搬过来套用，因此必须不断地去探索和总结，最大限度地做到改革与立法相结合。所谓改革决策和立法决策相结合，包含至少三层意思：一是改革要体现合法性，在谋划决策时就要重点考虑；二是立法要体现适当性，充分结合现有的改革进程；三是改革与立法的同步性，二者要尽可能地保持时间上的同步，节奏一致方可奏出佳音。

（2）改革决策和立法决策相结合的高要求

纵观我国改革开放四十多年的历史进程，不难发现法治理念的变化与时代的发展、改革的不断深入是分不开的。特别是近些年改革逐渐来到深水区和攻坚期，如何协调好各方利益、处理好多方关系，成为考验改革决策者的主要难题，在这种背景下就更是需要利用好高超的法治思维和法治方式。深圳经济特区本身就是国家的重要战略布局，所面临的发展障碍与挑战风险更加严峻，因此在制定改革方案时充分考虑法治要求，不断将改革成果和法治效果相互转化，形成良性呼应、双轮驱动、相辅相成、齐头并进，做到改革和法治的高度统一和协调。

首先，改革决策和立法决策相结合，对改革主导机关和立法机关提出了更高的标准和要求。改革的谋划者必须具备一定的法律素养，有较高的法律意识和法律思维，对于改革过程中出现的障碍问题可以主动提出有针对性、合理性、可操作性的法律法规调整意见和建议；同样的，对于立法机关而言，法律工作者要有胸怀“国之大者”的大局意识，主动学习了解掌握国家、深圳的改革工作总体思路和具体部署，针对改革主导机关提出的意见和建议及时充分讨论可行性、合理性和科学性，对于有必要进行调整的权利配合，及时启动相关的法律法规制定、修改或暂缓适用的法律程序，最大限度地为改革攻坚留出宝贵时间。

其次，改革决策与立法决策相结合，必须统筹协调好改革工作和立法工作。改革主导机关和立法机关必须建立起高效、实用、稳定的沟通联络机制，必要时可由上级领导机构牵头协调成立相应的改革立法工作协调小组，务必保证二者工作的统筹和协调，以期达到最佳效果，做到无缝衔接，防止出现分兵作战、各自为战的被动局面。

再次，改革决策与立法决策相结合，必须结合改革实际创新立法工作理念和方法。深圳经济特区的立法工作不同于其他，要在考虑发挥好法律基本作用的基础上，充分考量经济特区的全国重大经济战略地位，胸怀更高的格局和要求，要有超前意识提前预测和研究改革过程中可能出现的新问题，对于已经滞后的法律法规更是要及时、严谨、科学地作出调整。对于有较大突破性的制度设计，要大胆地进行试点并认真总结，充分收集实施过程中出现的问题和经验，为在整个经济特区的广泛推广做好充足的制度准备。在制定和修改有关法律法规时，要审慎处理好“变”与“不变”“原则化”与“具体化”“普遍性”与“特殊性”的关系，张弛有度，既要满足当下的需求也要为未来法律法规的调整留下充足的空间。

（二）综合改革为特区立法带来的新挑战

自 1980 年深圳经济特区成立以来，经济特区的立法工作对其政治体制优化、特区经济发展、社会制度完善等方面都产生了不可或缺的重要推动作用，时至今日依然具有鲜活的制度生命力。同时，经济特区立法工作在解决社会发展中，面临的各项困难所积累的宝贵经验和借鉴意义为全国其他地区的立法工作提供了指导性的思路和方案。从更高层面来看，这也将为完善国家立法提供重要指引，有利于进一步完善中国特色社会主义法律体系。但必须承认的是，现阶段我们的综合改革工作还存在着很多问题，还远远做不到真正意义上的“用足用好”的要求。

1. 综合授权改革试点的落地问题

综合授权改革试点意味着，可以突破传统“一事一议”单项上报，以清单式批量申请改革授权，列入清单的事项实施备案管理集中处理，除明确要报批的事项，其他不再逐项报批，提高了整体的工作效率省去了不必要的冗杂程序。这种方法本身就是重要的改革，是全方位的制度试验，很好地体现了改革的整体性协同性，也为制度的持续调整优化提供了工具。深圳是市场化和法治化程度比较高的城市，在要素市场化配置、营商环境优化、城市空间统筹规划、社会制度完善等重点领域的改革，深圳积累了很多成功的经验，在这些方面是走在其他城市前列的，如何进一步深化改革，是一个重大的课题。随着我国社会主义法律体系日渐完备，在社会治理的主要方面已经基本达到了有法可依的大背景下，深圳经济特区若要进一步地向改革的深水区推进，立法变通权就必须发挥出应有的作用。变通权的功能、性质和实质充分地代表了经济特区立法的性质，是综合授权改革的重要手段。不过，尽管特区立法权尤其是变通立法在新的历史条件下仍然可以大放异彩，但同时也面临着许多问题，究其根本在于如何解决“应变”和“不变”的问题，即如何在综合授权改革试点的过程中，把握好变通立法的“度”的问题。

（1）综合授权改革与立法创新的尝试问题

在我国社会法治化发展的初期，深圳经济特区的制度创新受到的约束较小。比如20世纪80年代，深圳就违反了1982年宪法中关于禁止土地买卖和出租的规定，率先突破性地允许土地使用权进行转让，但由于其拉开了我国土地改革的序幕，并且促成了1988年宪法的修订，因而被学界誉为“良性违宪”。2004年《深圳市宝安龙岗两区城市化土地管理办法》违背了我国《土地管理法》和《土地管理法实施条例》有关应通过征收的方式将集体土地国有化的规定，直接把宝安、龙岗两区内的大约27万农村人口一次性转为城市居民身份，从而将两区约956平方公里的土地一次性完全转为国有。这种全国首创的“农地转国有”大胆试验虽然从一开始就被自然资源部认为存在程序问题，但最终仍以“特例”获得了中央的默许，只是被认为“不宜模仿”“下不为例”，但从结果的角度来看这对深圳经济特区本身的发展产生重大作用。

对比近年来深圳经济特区的立法工作，明显可以看到其创新性正在逐渐减弱，很大一部分原因就是没有把握好经济特区立法和国家法律法规的关系，对法治和改革缺乏足够的辩证统一的认识而单纯将二者对立起来，求稳怕乱因此宁肯原地踏步也不主动探索，将特区立法本该具有的创新性、变通性和法制统一原则对立起来。当然这些问题也有客观的原因和背景，不能只归责于立法的工作人员。经过改革开放40多年的发展探索，中央在经济建设、社会建设、文化建设、政治建设和生态文明建设的总体方向、基本原则、重要措施等方面，已经确立了大政方针，法律体系建设日益完善、日臻健全，因此需要特殊探索、实验的领域和事项也在逐步减少，经济特区先行先试的空间逐渐受到限制和控制。在这种背景下，立法变通权的行使便受到压缩和限制，一方面是在法学研究层面对其界定仍存在模棱两可的模糊地带，缺乏国家统一权威的明确解释和规定，另一方面舆论关于经济特区存在必要性的讨论从未停止，这些都给经济特区的立法工作带来很大的压力和限制，经济特区“先行先试”的制度优势难以得到体现。

因此我们必须清楚地认识到，先行先试不只是经济特区创立之初即赋予的制度优势，更是此次综合授权改革的根本特征和制度保障，一切都是为了实现全面深化改革探索实现路径和实现形式，进而为全国上下夺取新时代国家现代化建设的伟大胜利打下坚实基础。此次深圳经济特区综合授权改革不同于往常，具有明显的系统性、整体性、协同性特点，是新时代下深圳经济特区进一步深化改革的重要探索，中央通过“一揽子”授权的方式，允许深圳在要素市场化配置、营商环境优化、城市空间统筹利用等重点领域放开手脚，在立法层面进行实质突破，是创设符合新时代中国发展实际的新制度、新治理方法的重要尝试，因此，深圳应该在这些领域进行更大胆地创新，为推进国家治理体系和治理能力现代化提供更多深圳经验。

例如，深圳曾经尝试制定条例解决深圳与港澳的民商事法律适用问题，国际私法泰斗韩德培教授和黄进教授研究提出了，《深圳经济特区涉港澳民商事关系法律适用条例（建议稿）》，但是该条例还是不了了之。2012年12月7日，习近平同志视察深圳前海，希望深圳继续敢为天下先，依托香港、服务内地、面向世界进行建设发展。国务院批准的《前海深港现代服务业合作区总体发展规划》提出，充分利用经济特区立法权，进行先行先试和制度创新，营造适合服务业开放发展的法律环境。深圳前海深港现代服务业合作区与香港具有密切的合作关系。为改善前海的投资法律环境，2013年有学者就提出，利用深圳经济特区立法权制定法规的建议，允许前海的商事合同当事人选择适用香港法律。当年，深圳争取全国人大常委会的支持，草拟了《深圳经济特区前海深港现代服务业合作区涉港合同选择适用香港法律若干规定》，以推动全国人大支持以深圳特区立法形式出台该规定。直到2020年8月，深圳才通过修订《深圳经济特区前海深港现代服务业合作区条例》的方式，变通《中华人民共和国涉外民事关系法律适用法》的有关规定，允许在前海合作区注册的港资、澳资、台资及外商投资企业协议选择民商事合同适用的法律。

我们认为，深圳已进入综合授权改革试点的新的历史时期，中央给予了深圳更大的改革自主权与立法创新空间，这意味着深圳可以在更大范围内进行包括粤港澳大湾区经济合作的立法创新。不过目前，因为客观上缺失跨境监管协调机制，粤港澳大湾区法治一体化建设也面临着一定的困境。粤港澳大湾区包括香港、澳门以及珠三角九市，在“一国两制三税区”的背景下，如何做好三地的规则衔接成为关键。尤其三法域间的各种市场要素监管体系、法律制度等方面存在巨大差异，在深化改革与境内外体制的对接等重大问题上，面临体制机制障碍，缺乏一体化的跨境协调与监管机制。尤其综合授权改革涉及许多重点领域，如金融要素领域属于特殊监管行业，其创新业务及具体项目决定权在中央，容易导致深港澳金融合作沟通层级不对等，港澳方面赴京沟通成本较高等问题，亟须国家机构代表中央协调大湾区经济改革与合作工作。

同时，对于深圳与内地其他城市合作区的法律创新问题，也可以进行大胆创新。例如，深汕特别合作区位于深圳经济特区之外的广东省汕尾市，根据广东省的安排，深汕特别合作区由深圳全面主导，深汕特别合作区管委会改为深圳市委、市政府派出机构。不可否认的是，深汕特别合作区正在日益深圳化，如果在深汕特别合作区适用深圳经济特区立法，将大大减少深汕特别合作区与深圳经济特区的管理差别，迅速提升深汕特别合作区法治化营商环境。而这种特区立法的扩容也有过许多先例，例如，1994 年制定的《大亚湾核电厂周围限制区安全保障与环境管理条例》，适用于当时不在特区范围内的大亚湾核电厂周围限制区；1994 年制定的《深圳经济特区股份合作公司条例》规定，当时不在特区范围内的宝安区、龙岗区、光明新区和坪山新区参照适用本条例。

（2）综合授权改革与变通立法的边界问题

深圳经济特区之“特”，特在资源要素配置市场化程度高，特在营商环境优良，也特在城市空间局促与产业及人口繁密。这些特点在很大程度上造就了深圳的今日繁荣。但是，当改革进入深水区、发展进入瓶颈期，这些特点可能会不断受到外部法律、政策环境的挑战，有的会反过来制约深圳的发展。《意见》强调这些方面的原因，就是寄望深圳在优化要素市场化配置、打造法治化透明营商环境、高效利用城市空间谋发展等重点领域做得更好，并通过这些领域的实践完成建设中国特色社会主义先行示范区的历史使命。但是，随着近年来全面依法治国的大力推进，社会法治进程加速，法律法规的备案审查等制度日趋完善，经济特区立法权的规范性和合理性要求都显著地提高，人们对法治的期待也更高，深圳必须在立法边界上做出示范。

经济特区从设立之初就天然具有“先试先行”的制度优势，因此在实践中，全国人大常委会和国务院通常在一定程度上会给予深圳“特殊照顾”。虽然自 2000 年《立法法》以及 2006 年《监督法》出台后，我国的法律法规、部门规章等规范性文件备案审查制度得到一定程度的加强和完善，并且时不时出现公民或组织对可能存在争议的经济特区法规提出备案审查申请，但迄今为止仍没有迹象表明全国人大常委会和国务院曾以违背法律或行政法规基本原则为由，对有争议的经济特区法规公开作出任何否定性的判断或裁决。由此可见，经济特区不仅长期受到国家立法上的“特殊照顾”，而且对于这种特权的实际行使也给予了极大的包容，这使得深圳在进行变通立法的过程中，存在着容易超越立法边界的现象。

例如，深圳在1999通过特区立法，颁布了《深圳经济特区公证条例》，规定转让、抵押、赠与、分割、继承这5种房产所有人变更情形时必须办理公证，虽然，深圳在2001年对该条例进行了相应的修改，但仍保留了继承和赠与两种情形的强制公证条款。而根据我国《公证法》规定，只有在法律、行政法规明确规定了需要公证的事项时才要求公证，在民事法律关系中，法无禁止即自由，即法律、行政法规没有明确要求需要公证的，是否要进行公证由当事人自行选择。这也体现了《公证法》中自愿公证的原则，因此1999与2001年版本的特区公证条例都违反了《公证法》的基本原则和精神。此外，对房产继承强制要求公证，也侵犯了当事人的继承权，因为继承人的权利已在法律中明确，无论是何种继承形式，权利的实现都不应该依赖于公证；而对房产赠与强制要求公证，还违背了《民法典》中的“意思自治”原则。当事人双方根据各自真实的意思表示，订立书面合同，该合同自双方签字或盖章时生效，并不依赖于公证而生效。直到2017年修订的版本中，才将这种强制公证的规定移除，但这也反映出了特区法规权力运行机制仍然存在一定的问题。

此外，《深圳经济特区房地产转让条例》《深圳经济特区和谐劳动关系促进条例》《深圳经济特区产品质量管理条例》《深圳经济特区人民警察巡察条例》等相关规定，涉嫌不当限制了民事主体房产交易平等权利、担保人的受偿权利、公民的行政救济权利以及警察的人身自由。

目前，国家改革进入深水区，中央总结改革开放四十余年的经验，再次将先行先试排头兵的重担交给深圳，甚至在综合授权改革试点中，鼓励深圳要用好用足立法权，充分利用特区立法权的变通国家法律的作用，并允许将特定的中央立法事权授予深圳，这意味着中央在立法的角度给予深圳更大的立法权和制度自由。因此，深圳在综合授权改革试点的过程中，面临着变通立法的度的问题。课题组认为，目前我们已不再面临改革开放初期的法治初创百废待兴，深圳不能以当时中央对“改革”的宽容度来要求自己。相反，深圳应该用新时期“法治”的标尺严格规范变通权的边界，尤其是不能违背法律或行政法规的基本原则，才能在综合授权改革中，享受建设法治政府的政策红利，完成中央赋予深圳的创新立法，以引领全国改革的任务。

近年来，中央一再重申“重大改革于法有据”，同时整个社会的法治化进程不断提高，因此，深圳在行使立法变通权时，必须既兼顾改革需求发挥出法治的创新作用，又必须兼顾谨慎、规范，严格按照国家相关法律和法律监督部门的要求行使，保证国家法治建设整体的统一性，决不能为了创新而创新，为了变通而变通，违背发展的客观规律和民主的立法程序。社会对经济特区立法的宽容，并不意味着抹去了法治底线，也不意味着会容忍经济特区立法突破现有法律和行政法规的基本原则，决不能信马由缰、脱离中央的统一指挥。因此，在实践中，经济特区应优先行使区市的普通立法权，只有当需要立法的事项确有必要，并且可能超越设区市立法权的范围，或者确实需要对法律、行政法规和地方性法规进行变通时，才宜动用特区立法权进行立法。

2. 改革与立法决策相衔接的问题

2020 年 10 月 11 日，《深圳建设中国特色社会主义先行示范区综合改革试点实施方案》公布，首批综合授权清单涵盖 40 条授权事项，其中有 20 多项需要突破现有法律法规和政策规定，涉及近百项具体法律法规和政策条款的调整，具有很强的创新性、突破性，体现了中央授权改革的力度和深度，也对特区改革决策与立法决策相衔接提出了更高的要求。从内容上来看，经济特区立法主要涉及立法变通事项的创新，综合授权改革主要涉及先行先试事项的重大改革决策，两者都是经济特区改革创新的利器，相辅相成、互相促进。党的十八届四中全会提出“重大改革于法有据”，强调运用法治思维和法治方式推动改革，把改革纳入法治轨道。要发挥立法对改革的引领和推动作用，关键是实现立法与改革决策相衔接。在这个方面，深圳已经做了很多探索，但是改革决策与立法决策“两张皮”的现象仍然存在，有关部门在草拟改革方案时较少研究立法需求，与立法没有很好地衔接，既影响了改革成效，也不利于提高立法质量，主要表现在：

一是立项程序。首先，在目前在改革过程中，民众的参与度还不够，尤其在重点立法建议项目的必要性、迫切性、可行性方面，未能有足够的渠道让民众与企业参与，造成更加科学确定立法项目，切实保障有限的立法资源更好地满足改革发展的需要。其次，改革的主要武器——变通立法，由于是建立在现有法律之上，所以深圳人大及其常委会难免会受到现有法律框架的局限，难以突破思维定式，对于独创性和创新性的变通规定探索较少，即使有变通立法的诸多尝试，变通的力度也较小；最后，在立项上目前还存在一定滞后性，这是因为深圳的发展十分迅速，社会转变极快，社会关系复杂，特区立法只能根据经济活动发生过程中或者发生后才总结并制定出规范性条款，仍然有难以避免的滞后性，因此特区立法还需要对经济特区的政治经济文化生活做出快速的反应，并进行制度上的规范和调整，最大可能地减少立法的滞后性。

二是起草程序。深圳的特区立法仍然存在一定的部门立法现象，导致某些规则条文有违公平。法律作为法治之依据，理应包含公平正义等理念，这要求立法者在立法时没有偏私，不局限于个人利益和集团利益，以公平之心对社会规则进行设计。真正意义上的法的公平是指起点、程序、规则的公平。但是由于政治经济文化的快速发展，立法对技术性专业性的要求越来越高。深圳目前形成了由政府业务部门起草变通立法草案的现状，由此对政府部门圈占部门利益提供了可乘之机，这直接导致一些有违立法公平的现象产生，一些负面问题在经济特区变通立法中时有发生。这种由政府部门起草、制定，并由自己执行的变通立法直接导致立法行为部门化，部门立法利益化。政府业务部门将本身应承担的行政职责和法的公平正义原则放置一边，把起草草案的机会视作争取并扩大部门利益的有利机会，争相进行利益的再分配。他们进行的并不是法律的适用性、公平性、立法的合理性方面的探索，更多的是从自身出发从部门出发作出的一系列局限性规定。在变通立法的法规草案中可以看到很多部门利益倾向的痕迹，如前述 1999 年与 2001 年的《深圳经济特区公证条例》，之所以对房地产赠与、继承的公证作出强制性规定，就存在着明显的部门利益倾向，因为若需要公证，则需要按照房产评估价格缴纳一定比例的公证费用。

三是调研程序。调查研究是改革决策与立法决策的必经环节，也是提高改革与立法质量的关键环节。要进一步改进改革决策与立法决策的调研方式方法，增强调研的实效。根据改革的需求与立法项目的特点和需要来确定调研的形式、对象和内容，确保调研的针对性。要把调研的内容放在改革的关键问题和人民群众关注的热点问题，以及社会各方面有重大分歧的问题上，要把调研的重点对象放在基层群众和一线干部上，要提高调研能力和水平，善于发现问题，善于准确把握调查对象的真实意愿，善于抓住矛盾的本质和焦点。目前，深圳在这些方面做得不足，特区制定的多部法规中均具有象征性立法的现象，即只是为了宣示政府采取了相对应的改革行动，并不意图实质性地改变行为人的行为。如《深圳经济特区改革创新促进条例》《深圳经济特区全民阅读促进条例》《深圳经济特区中小企业发展促进条例》《深圳经济特区文明行为促进条例》等特区法规，象征意义极大。又如《深圳经济特区道路交通安全管理条例》规定行人违反交通信号灯指示通行的处 20 元 ~ 100 元罚款，因执法力量不足，成为“睡眠条款”。这些象征性立法是一种立法资源的不当运用。

四是监督程序。目前的特区立法备案制度并不完善，易使备案流于形式，备而不查。根据《立法法》的规定，对特区法规进行监督最权威的机构是全国人大常委会，只有它可以对违反法律基本原则和行政法规基本原则的特区法规予以撤销。因此如何鉴别特区立法变通事项是否真的违背了法律和行政法规的基本原则是当下的一大难题。全国人大常委会以及国务院（涉及行政法规时）在对经济特区法规进行备案审查或者公民和社会组织提出相关审查申请时，有必要对于上述合法性问题作出回答或解释，并由全国人大常委会作出最终的处理。但在当下，全国人大常委会的并不能及时有效地发挥权威监督的功能，存在一定程度的失位问题，这极易造成特区立法权的滥用。经济特区本身的政治高位和制度优势也会对法院产生一定程度的工作压力，对司法审查工作造成不利影响。

五是变通立法体例。当下，深圳的变通立法体例并没有明确规定，对于一些基本问题诸如是否要明确上位法依据、是否需要增加特殊的制定程序等都并不明晰和规范。但通过大量的查阅和研究，结合深圳经济特区变通立法的实践，可以对现行立法工作中存在的变通性立法体例归纳如下：第一，无任何明确的立法依据，包括上位法、法律、行政法律基本原则和特区的实际，制定法规；第二，根据深圳经济特区实际，制定法规；第三，根据有关法律、行政法规的基本原则，结合深圳经济特区实际，制定法规；第四，根据某某法律、法规，结合深圳经济特区实际，制定法规；第五，根据某某法和其他有关法律、行政法规的规定，结合深圳经济特区实际，制定法规；第六，根据某某法律、法规以及相关法律、行政法规的基本原则，结合深圳经济特区实际，制定法规；第七，根据有关法律、行政法规的基本原则和政策规定，结合深圳经济特区实际情况，制定法规；第八，根据全国人大常委会《某某决定》，结合特区的实际情况，制定法规；第九，根据深圳经济特区具体情况和实际需要，遵循宪法的规定以及法律和行政法规的基本原则，制定法规。

六是变通后的“权责关系”限定问题。“权责关系”是指立法者享有规则变通权力的同时，也负有保证变通结果为良性的职责，对于不当的法律变通应当承担相应的法律责任。规则变通的规范化设置要严格限定变通后的“权责关系”，原因就在于，实践中有时候深圳的立法者在变通规则时常常造成“权责关系”配置的不平衡。确保权力与责任相当、限制与约束权力是保障公民权利不受公权力侵害的重要举措。当前，深圳特区的部分变通规则过度强调了公权力“管理”的权力，而忽视了其应该承担的责任和义务。因此严格限定变通后的“权责关系”，要求规则变通方法在立法中保证权力机关“权力”与“责任”要对应，在形式上体现为对权力、权利、义务和责任的变通。

七是评估程序。立法并非多多益善，固有法律、制度也并非完美无瑕，在综合授权改革与双区建设的宏大背景下，立法工作的主要矛盾已经由法的“创制”转向法的“落地”，而立法评估是提升立法质量和水平的有效途径。目前在深圳改革与立法决策衔接上，存在改革后期的评估程序缺失的情况，深圳市人大常委会正式开展的立法评估工作非常罕见。深圳市规划土地监察局、深圳市财政局等实施单位或者主体虽开展过立法评估工作，如《深圳经济特区规划土地监察条例》《深圳经济特区政府采购条例》等的实施部门，确实因为法规在实施过程中问题凸显或者与现阶段国家改革方向不一致，而参照《立法后评估办法》“自主”开展了立法后评估工作，但此类实践亦寥寥无几，而将立法评估报告反馈至深圳市人大常委会或者得到深圳市人大常委会认可的更是凤毛麟角。

八是授权程序。目前，综合授权改革自身运行的制度规范缺失，导致改革的程序法治不足。综合授权改革在我国首次实施，尚未有关于综合授权改革自身运行的制度规范，应当充分发挥立法对改革的风险防范功能，明确综合授权改革的基本法治原则和运行规则，以确保综合授权改革的实施效能及其改革目的的实现。因此，要用足用好特区立法权，就要建立健全改革决策与立法决策的衔接机制，完善综合授权改革的程序性规定，着力提高经济特区法规解决改革中遇到的突出问题的针对性和有效性。

四、首批授权事项落地存在的问题与政策建议

2020 年 10 月 18 日，深圳建设中国特色社会主义先行示范区综合改革试点首批授权事项清单发布。首批授权事项包括六个方面 40 条，并按照一个事项对应一个改革方案、一套操作规范、一个改革应用场景、一套评估体系的“4 个一”要求抓紧推进，取得重要进展，形成一批可复制可推广的重大制度创新成果。考虑到授权清单中的许多事项属于深圳的先行示范，需要通过先行性或者变通性立法，填补或者突破现有法律法规方能使改革于法有据，深圳应用足用好特区立法权，力争以法治为驱动，使得清单的落地取得实质性进展，为推动高质量发展释放巨大的改革红利。本章将逐条分析这 40 项清单的内容与问题，并提出对应的立法与改革建议。

（一）要素市场化配置方面

1. 授权和委托用地审批权

清单内容：“将国务院授权广东省批准的永久基本农田以外的农用地转为建设用地审批事项，由广东省委托深圳市批准。”

（1）事项内容与问题分析

下放土地审批权限，是为了落实新修订的《土地管理法》而进行的一项改革。原土地利用审批层次高、步骤多、权限错位，中央政府有很大的审批范围，同时拥有很多本应由地方政府享有的权力。2019 年 8 月 26 日正式发布的《土地管理法》，不仅为“三块地”改革提供了法律上的依据，仍旧保留了国务院的一些权力，比如审批永久基本农田转化为建设用地、征收耕地 35 公顷以上、其他土地 70 公顷以上以及永久基本农田。然而我国现在超过 80% 的耕地是永久基本农田，需要占用耕地 35 公顷或总用地 70 公顷以上的重大项目占大多数，所以需要中央一级审批的项目依然很多。按照新修订的《土地管理法》，需要持续深化土地利用审批程序“放管服”改革，印发《关于授权和委托用地审批权的决定》，授权各省级人民政府一些中央政府可以授权的土地利用审批权，同时在全国部分省份开展试点，通过委托方式将中央一级保留的审批权委托地方政府。

深圳被授权的用地审批权仅限于永久基本农田以外的农用地转为建设用地审批事项。将用地审批权由国务院授权或委托给省级人民政府，是新《土地管理法》的关键。一方面，按照新《土地管理法》，将可以授权的永久基本农田以外的，审批农用地转为建设用地的权限，授权给各省区市人民政府行使。关于将农用地转为建设用地的程序，无论在规划建设用地圈涵盖范围内还是之外，在我国 34 个省级行政区、106 个城市中心城区，只要不涵盖永久基本农田，将征收耕地面积控制在 35 公顷以内，其他土地控制在 70 公顷以内，均可以省级人民政府的名义直接进行审查和批准，不需经过国务院的审批，深圳这次的授权即来自于此。另一方面，在以广东为代表的，全国 8 个试点省市开展为期一年的试点，慎重地将永久基本农田转为建设用地和需经国务院批准的土地征收事宜进行委托，交由一些省区市人民政府进行审批，包括农用地转为建设用地的过程中，涵盖永久基本农田的部分，面积 35 公顷以上需征收的耕地，面积 70 公顷以上需征收的其他土地，由国务院进行委托，省级人民政府代为审查和批准。

审批权限的下放，实则压实了深圳耕地保护的责任，对监管提出了更高的要求。下放用地审批权绝不意味着放松用地审查和监管要求，提高土地利用效率是为了回应我国经济快速发展的需要，授权的形式与委托的形式，均是为了重新划分土地利用审查与批准的权限，是流程与程序的优化，土地利用审查批准的原则、标准始终如一。一方面，大量土地利用项目由中央一级进行审查和批准，工作任务大，流程烦琐，不可避免地存在着地方组件不仔细、审查过于宽松等问题，事权的错位导致地方政府实际上规避了责任。另一方面，数据显示，审批权下放前，需上报自然资源部转国务院审批的事项，基本上都是国家相关部委立项的项目或者面积比较大的用地项目（如 35 公顷以上的耕地），且几乎都是产业用地，没有房地产项目用地要报国务院审批。如今土地用地审查和批准的权限由中央授权或者委托给了地方政府，相当于将耕地利用与保护的责任也一并移交给了下级政府。如果地方政府不按照原则与标准进行审查与批准，将带来严重的后果。因此，深圳必须通过立法实施严格的监管，保障耕地保护的责任目标。

表 1 授权和委托用地审批权的相关法条梳理

旧法条	
相关法规	具体内容
原《国土资源部关于调整报国务院审批土地利用总体规划范围的通知》（国土资发〔2009〕67 号）	根据全国 31 个省、自治区、直辖市，27 个省、自治区人民政府所在地的市，35 个 100 万人口以上的城市，40 个 50–100 万人口的城市，以及新疆生产建设兵团，共计 134 个土地利用总体规划需报国务院审批。
旧《土地管理法》第 44 条	省、自治区、直辖市人民政府批准的道路、管线工程和大型基础设施建设项目，国务院批准的建设项目占用土地，涉及农用地转为建设用地的由国务院批准。
新法条	
相关法规	具体内容
新《土地管理法》第 44 条	建设占用土地，涉及农用地转为建设用地的，应当办理农用地转用审批手续。永久基本农田转为建设用地的，由国务院批准。在土地利用总体规划确定的城市和村庄、集镇建设用地规模范围内，为实施该规划而将永久基本农田以外的农用地转为建设用地的，按土地利用年度计划分批次按照国务院规定由原批准土地利用总体规划的机关或者其授权的机关批准。在已批准的农用地转用范围内，具体建设项目用地可以由市、县人民政府批准。在土地利用总体规划确定的城市和村庄、集镇建设用地规模范围外，将永久基本农田以外的农用地转为建设用地的，由国务院或者国务院授权的省、自治区、直辖市人民政府批准。
新《土地管理法》第 20 条	土地利用总体规划实行分级审批。省、自治区、直辖市的土地利用总体规划，报国务院批准。省、自治区人民政府所在地的市、人口在 100 万以上的城市以及国务院指定的城市的土地利用总体规划，经省、自治区人民政府审查同意后，报国务院批准。本条第 2 款、第 3 款规定以外的土地利用总体规划，逐级上报省、自治区、直辖市人民政府批准；其中，乡（镇）土地利用总体规划可以由省级人民政府授权的设区的市、自治州人民政府批准。土地利用总体规划一经批准，必须严格执行。
新《土地管理法》第 46 条	征收下列土地的，由国务院批准：（一）永久基本农田；（二）永久基本农田以外的耕地超过 35 公顷的；（三）其他土地超过 70 公顷的。征收前款规定以外的土地的，由省、自治区、直辖市人民政府批准。征收农用地的，应当依照本法第 44 条的规定先行办理农用地转用审批。其中，经国务院批准农用地转用的，同时办理征地审批手续，不再另行办理征地审批；经省、自治区、直辖市人民政府在征地批准权限内批准农用地转用的，同时办理征地审批手续，不再另行办理征地审批，超过征地批准权限的，应当依照本条第 1 款的规定另行办理征地审批。

（2）政策建议

本条清单落地应按照《土地管理法》等法律法规和有关政策要求，严格实施国土空间用途管制、严守生态保护红线、切实保护耕地、节约集约用地、盘活存量土地、规范行使国务院授权、委托给各省级地方政府的用地审批权并履行职责，不再将承接审批权进一步委托，确保委托用地审批事项依法规范、稳步落实。

一是出台《深圳市非永久基本农田转建设用地审批事项实施细则》。严格落实《国务院关于授权和委托用地审批权的决定》（国发〔2020〕4号）精神，做好国务院授权用地审批权承接工作，结合实际，通过立法进一步明确广东省委托用地审批事项受理、审查、审批流程及规则，明确市规划和自然资源、发展改革、财政、人力资源社会保障、交通运输、水利、生态环境、农业农村、林业等相关部门并联审查职责，细化市及市以下自然资源系统内部审查要求。对高耗能、高污染的项目设置严格的审批论证程序，对于造成耕地质量下降、耕地过度占用、甚至土地违法行为失控的行为明确处罚措施。

二是建立分级审查制度，明确审查责任。深圳市规划和自然资源局负责用地审批事项的具体实施工作，对各区申报用地进行实质性审查，对用地是否符合法律、法规和有关政策规定提出结论性意见，按规定做好授权和委托用地审批结果备案及公开工作，对建设用地审查结果负责。各区人民政府负责对区规划和自然资源主管部门报送的用地申请及报批材料进行审核，对报批材料的真实性、合法性、准确性负责，组织做好市人民政府批准用地后的实施工作。各区规划和自然资源主管部门对建设项目用地报批材料的真实性、准确性负责，对土地利用现状和是否存在违法用地进行实地踏勘并对现状的真实性负责。

三是确立用地审批的新型监管机制，实现综合监管、智慧监管。深圳市规划和自然资源局牵头，联合深圳市大数据资源管理中心等部门组建专班，综合运用形式多样的自然资源技术集成手段，比如展示三维地形平台、航空航天遥感监测平台、互联互通审批监管平台等，构建全市统一的用地统筹智慧平台，承担起事前审批和具体实施职责，即按照上级政府批准的规划、年度计划、法定程序、法定标准对微观主体的用地申请进行审批。“双随机、一公开”，通过多种方式，强化对土地利用审查及批准情况的检查与监督，深圳市规划和自然资源局要会同有关部门制定联合抽查事项清单、标准和实施办法，明确抽查依据、抽查主体、抽查内容、抽查方式等等。

四是对征地制定严格且明确的分级补偿标准，严格监管“占补平衡”中的以次充好行为。严格遵守“占一补一、占优补优”原则，制定科学的耕地质量划分标准，对不同级别的耕地予以明确区分，并定期向社会大众公布，鼓励社会监督，并设置监督奖励予以激励。成立专门的土地质量稽查机构，不定期地对地方政府的耕地占补行为进行抽查，一旦发现问题则对具体责任人进行严惩。对于有分歧的“占补平衡”行为，应交由专业的独立第三方对土地质量进行科学评估，政府应该根据独立第三方的科学评估结果对占用的耕地进行补偿。

2. 完善自然资源资产交易及监管机制

清单内容：“建设自然资源资产交易平台，建立土地二级市场信息发布机制。完善土地二级市场规则，逐步完善一二级市场联动的土地市场服务监管体系。”

（1）事项内容与问题分析

十八届三中全会通过了《中共中央关于全面深化改革若干重大问题的决定》，对“完善土地二级市场”提出了明确的要求。针对土地二级市场交易中存在的规则不健全、信息不对称、平台不规范、政府服务和监管不完善等问题。2017 年，我国在 34 个市、县开展了为期两年的土地二级市场试点工作。2019 年 7 月，在试点经验的基础上，国务院办公厅正式印发《关于完善建设用地使用权转让、出租、抵押二级市场的指导意见》（以下简称“《指导意见》”），成为首个专门规范土地二级市场建设的国务院文件。结合试点情况与《指导意见》的精神，本项授权在落地过程中，必须要注意以下法律要点：

在交易规则上，要处理好土地国有与集体所有的关系。《指导意见》规定的二级市场交易规则适用于国有建设用地，根据规定，“已依法入市的集体经营性建设用地使用权转让、出租、抵押”，亦可参照《指导意见》执行。此外，新《土地管理法》第六十三条第三款明确规定：“通过出让等方式取得的集体经营性建设用地使用权可以转让、互换、出资、赠与或者抵押，但法律、行政法规另有规定或者土地所有权人、土地使用权人签订的书面合同另有约定的除外。”根据上述规定，同国有建设用地一样，集体建设用地也可以转让、抵押、出租，在二级市场也拥有一定的流动性，有利于建设城乡一体的土地市场，促进城乡共同发展。不可忽略的是，由于集体土地与国有土地所有权主体存在差异，转让、抵押、出租时存在相同之处，也存在需要特别注意、特殊对待的差异，因此有权主体在制定规则时必须保持谨慎，妥善处理好两者之间的关系，使两者在相互协同、相互融合过程中，保持差异，共同发展。

在交易环节上，要处理好交易与登记的关系。近年来，在土地转让时，交易管理环节常常被一些地方忽视，不分情况地“用登记完全代替交易”，带来了大量的违规违约事件，不容忽视。本质上来看，交易与登记相互独立，性质与功能并不相同。从法理上看，在财产权体系中，物权与债权的关系最为密切，物权规范财产的归属和利用关系，债权则规范财产的流转关系。而在财产关系的运作过程中，物权是债权的起点和最终归属，债权则是人们获得和实现物权的桥梁与手段，二者共同保障市场交易的运行。然而不动产登记与土地交易所涉及的权利关系并不完全一致，前者仅涉及物权关系，后者在此基础上，也同时涉及债权关系。从物权的角度来看，有了交易，物权在一级市场被设立，在二级市场被转移，通过不动产登记得到确立；从债权的角度来看，土地出让合同不仅可以约定受让人的权利，也可以约定受让人应承担的责任与义务，比如：公益服务、合理用地、节约用地、环保绿色、城市规划等内容，成为债权必不可少的组成部分。从运用的载体上看，不动产登记管理以登记簿为载体，土地交易以土地出让合同为基础。无论从以上哪个角度，都可发现不动产登记与二级市场交易的差异，将二者混同不仅不可取，还会带来严重的后果。合理区分衔接等级与交易，能够有效地保护相关人员的合法利益，促进土地流转二级市场交易的有序进行，维护秩序，提高土地集约与利用效率。

在实施监管上，要处理好部门间的分工合作关系。现在我国由多个部门共同履行土地二级市场交易监管的职能，监管范围存在空白和交叉，相互沟通不顺畅，尤其是当违规违约事件出现时，常常发生纠纷和矛盾。例如国有资产管理部门负责国有土地资产的处置；法院负责司法程序处置的土地流转；住建部门主管二级市场房地产与土地的交易；有关股权转让的土地流转则更为复杂，多头监管，证券、市场、税务等部门均要履行相关职责。而这些土地转让过程中，常常由双方直接交易，绕过自然资源管理部门的审查、批准与监督，不规范的流程带来严重的后果，政府部门在签订出让合同时，约定好的建设要求、规划要求、环保要求、价格管控，难以得到严格的遵守与有效的落实，甚至使得违约之风、炒作之风、投机之风盛行，扰乱土地交易市场秩序。

在促进流通上，要处理好行政手段与经济手段的关系。为存量土地注入活力，提高土地资源利用效率，实现土地市场健康有序发展，关键在于通过各种手段，实现闲置和低效建设用地顺畅和高效流转。为此，《指导意见》提出了两种方式：一是行政手段，降低流通难度，减少流通束缚，实施分割转让等，促进土地流通顺利进行；二是经济手段，税费政策差异化，设立激励机制，有利于土地的转让和流通。处理好经济手段与行政手段的关系，使二者相互补充、相互融合，在实际操作时，面对不同的情形各有侧重，共同发力，有利于土地流通市场的发展与早日顺畅。

表 2　土地二级市场制度法规比较

国家	土地二级市场制度	土地二级市场交易的法律体系	立法启示
美国	土地市场活跃： 1. 土地私有； 2. 土地终身所有； 3. 完善的契约制度； 4. 土地交易追求土地资源利用与生态环境保护的平衡。	土地法律体系完善： 1.《土地法》《西北条例》； 2. 土地开发权交易政策； 3. 对出租、抵押不做行政干预。	为土地流转二级市场提供充足的法律法规与政策依据，有利于活跃土地流转市场、优化存量土地、提高土地利用效率。
英国	土地市场高效： 1. 通过“土地二级市场”进行交易实现流通； 2. 活跃的土地租赁市场，租赁形式众多； 3. 完善的契约制度； 4. 土地市场保护所有者权益、提高土地利用效率、降低流转成本、增加财政收入。	土地法律体系完备： 1.《土地法史》《安妮第二及第三法案》和《财产法》； 2. 无“一级市场”分配土地使用权； 3. 土地交易频繁，利用中介、律师达成协议并办理相关登记，以保护各方合法利益。	完备的法律体系是土地市场高效健康发展、降低交易难度、保护所有者权益、增加财政收入、实现社会效益的保障。
法国	土地市场有序： 1. 划分土地所有权交易与农用地使用权交易； 2. 政府监督和管理土地交易制度。	土地法律体系健全： 1.《法国民法典》《农业指导法》； 2. 具有权威的中介组织机构，提供土地使用权真实、全面的信息，为双方交易者提供保护和法律援助。	法律体系为土地二级市场交易提供依据和保障，政府干预能规范市场交易环境，中介组织能为交易双方提供方便。
中国	土地市场不规范： 1. 土地公有； 2. 土地交易市场信息不对称； 3. 政府干预较少。	土地法律体系得以修改： 1.《土地管理法》《城市房地产管理法》《民法典》； 2. 交易受到现有法律政策的条件限制。	土地法律法规与各项政策有待进一步完善和修改，从而规范土地交易行为，活跃土地交易市场，优化土地资源配置。

（2）政策建议

一是通过特区立法创新自然资源资产所有权实现形式，完善产权制度和市场化配置。鼓励深圳市大人及其常委会积极进行立法创新，表现在两方面：首先，对《土地管理法》《城市房地产管理法》《城乡规划法》《民法典》等法律中，阻碍土地二级市场健康有序发展的条文进行变通，从而为集体建设用地新型产权、行政许可、国土空间管理规划、有偿使用等制度的确立提供充足的法律依据；其次，积极制定相关法律约束农村集体经济组织，厘清农村集体土地产权关系，巩固村民小组的民事主体地位，减少争议和纠纷。

二是根据政府角色的不同定位，细化操作流程与规则，处理好土地国有与集体所有的关系。根据法定的定位，积极鼓励深圳市国土资源局、深圳市住房和建设局、深圳市规划和自然资源局等部门履行职责，制定实施细则，细化土地市场交易机制；优化建设用地使用权流转的具体形式，减少过程中的矛盾和纠纷；根据权能的不同，为各类建设用地使用权交易设立差异化的必要条件；以及在现行土地法律体系框架下，积极创新其他减少土地流转难度、促进土地要素交易和流通的制度和方式。一方面，土地转让、抵押、出租涉及国有建设用地使用权时，夯实不同政府角色定位，积极履行所有者和管理者职责；另一方面，土地转让、抵押、出租涉及集体建设用地时，由各政府部门和集体经济组织共同合作，分别履行相关职责，细化交易规则，优化交易程序。

三是以促进信息集聚和提升行政效率为重点，做好政府服务。由深圳市规划和自然资源局牵头，联合深圳市大数据资源管理中心、市土地行政主管部门等组建专班，细化信息化监管实施规则，依托现有的信息数据平台，搭建城乡统一的土地市场交易平台。同时，制定部门协作的细则，加强城乡建设、财政、法院等不同部门之间的信息互通共享，探索建立多部门整体联动协同机制和市场信息共享平台，形成监管合力，力求对土地交易过程实施动态监管，提高监管效率，完善土地市场经济调控。此外，简化交易流程，培育中介组织，出台细则规范中介组织咨询、服务行为，并建立失信中介组织的惩戒和退出机制。

四是交易环节上，完善二级市场交易与登记的衔接规则。交易是否合法、合规、合约，对土地二级市场建设至关重要，相关部门要加强审核，重点关注交易是否严格满足土地划拨决定书、土地出让合同的要求。《指导意见》明确提出："各地要加强交易事中事后监管，对违反有关法律法规或不符合出让合同约定、划拨决定书规定的，不予办理相关手续。"登记对于确认土地权利亦十分重要，按照《民法典》《不动产登记暂行条例》等相关法律规定，各地各部门要加强对不动产的权利情况的确认和审核。

通过集中受理和统筹办理等等，优化办事流程、提高办事效率，做到便民利民，充分实现交易审核、登记一体化。在交易和登记的关系上，要充分认识到二者的差异，同时加强二者之间的互通共享。若二者职权分属不同的部门，更要重视搭建交易和登记部门的信息传递平台，传递与共享是双向的、动态的、持续的，以此方能提高行政效率、优化行政管理，为更好的决策提供充足、及时、全面的信息。

五是加强多部门协同联合监管与信息共享互通。尤其要重点关注以下三个方面：首先是关系到土地的股权转让的信息共享互通，逐步明确自然资源管理部门、税务部门、市场监管部门等部门的分工与协作，创新监管手段，细化监管流程，探索进行多部门联合监管，使信息传递更加及时、准确、全面，有利于各部门充分掌握股权变动情况，了解土地合同的履约情况，做出更加高效、合理的决定，提高土地资源配置效率。其次司法处置土地时的信息互通与衔接，当司法处置遇到建设用地使用权转移时，要尤其重视司法部门与自然资源管理部门的协调互通，探索建立及时高效的协作机制，自然资源管理部门积极报告案涉不动产的权利情况，司法部门及时反馈相关的处理进度，二者分工合作，共同做好不动产的司法处置工作。最后是与土地有关的资产处置的信息共享与衔接，2017 年 1 月，原国土资源部印发的《关于完善建设用地使用权转让、出租、抵押二级市场的试点方案》（以下简称“《试点方案》”）中明确提出：“国有资产等管理部门进行国有资产处置时涉及建设用地使用权转移的，在处置前应取得规划、自然资源部门出具的意见，并如实告知当事人。”

六是综合运用行政手段与经济手段，提高规则效能。首先，面对实践中大量存在的，原使用权人确实无力投资建设，只能放任土地闲置，同时又无法通过二级市场进行盘活，只能坐以待毙的情况，可以在现有法律法规允许的范围内，减少交易难度、创新交易方式，探索建立“先投资后转让”、土地预告登记转让等处置方式，开展试点调研实施效果。其次，面对社会影响较为恶劣的囤地、炒作造成的土地闲置、土地利用低效等问题，可采取行政手段进行干预，在现有的规则框架与权限范围内出台政策，规定差异化的土地使用税，增加保有成本，降低流转税，从而促使其流通和盘活利用。经研究测算，目前我国土地转让所需缴纳的税款通常在成交额的15%至20%之间，远远高于涉地股权转让所需承担的税负，出于减少税负的考虑，股权转让成为企业更青睐的选择。试点提高保有税、降低土地转让契税、下调土地交易手续费，有利于促进低效用地的流通和盘活利用。

3. 开展土地二级市场预告登记转让制度试点

清单内容：“充分利用市场机制盘活存量和低效用地。经全国人大常委会授权后，重点做好未完成开发投资总额25%的闲置工业用地的处置工作，可以采取提供交易鉴证、预告登记等方式，优化土地要素市场化配置，保障交易安全。未经批准，工业用途不得改变。”

（1）事项内容与问题分析

《城市房地产管理法》第三十九条第一款规定了土地转让的限制条件：“以出让方式取得土地使用权的，转让房地产时，应当符合下列条件：……按照出让合同约定进行投资开发，属于房屋建设工程的，完成开发投资总额的25%以上，属于成片开发土地的，形成工业用地或者其他建设用地条件。”上述规定为禁止各种形式的以“炒地、囤地”为目的的土地转让行为提供了法律依据，严厉禁止以获取暴利为目的的土地转手投机行为，保障土地转让市场健康有序发展。

需要注意的是，目前国家层面暂无统一的关于“完成开发投资总额25%”认定的规定。实践中，司法机关、行政机关存在不同的理解与认定方式，主要有以下三种：首先是司法形式转让，由法院进行查封，严重影响企业日常经营与信誉名声，债务关系复杂、认定周期长；其次是股权形式转让，缺乏明确的法律依据，存在司法争议，且投资人与土地使用人面对债务承担连带责任，风险较大；最后是一些其他的隐蔽转让，比如采取房地产代建的方式，然而房地产代建不可避免的存在政府介入、委托方干预、履约困难等风险。“完成开发投资总额25%”的理解与适用的模糊，在土地转让、房地产项目并购时给交易主体造成诸多困难，带来不可控的风险，甚至是倒卖土地的刑事责任风险。

2017 年《试点方案》发布后，经党中央、国务院批准，自然资源部在全国 34 个市县区开展了为期两年的试点工作，强调“明晰不同权能建设用地使用权转让的必要条件”，取得良好的成效，形成了一批可复制、可推广的改革经验供深圳借鉴。其中，宁波市首创的“预告登记转让”机制，解决了长期以来难以破解的 25% 投资额限制土地转让问题，维护了多方利益，加快了“僵尸企业”的处置，促进了土地要素的良性流通。

本条授权规定的土地二级市场预告登记转让机制与《指导意见》明确要求的“建立产权明晰、市场定价、信息集聚、交易安全、监管有效的土地二级市场，市场规则健全完善，交易平台全面形成，服务和监管落实到位，市场秩序更加规范，制度性交易成本明显降低，土地资源配置效率显著提高，形成一二级市场协调发展、规范有序、资源利用集约高效的现代土地市场体系。”相符，加快了土地二级市场改革步伐。

基于以上的分析，我们可以得出以下两个结论：

第一，本条授权事项的做法，来自浙江省宁波余姚市的“预告登记转让”试点经验。即依据《民法典》有关规定，借鉴商品房销售预告登记制度，吸引受让人与出让人先签订转让合同，并经国土资源部门、规划部门、环保部门等相关部门批准后，依法办理不动产预告登记，由受让人出资进行开发建设，待投资额满足 25% 的条件后，再办理正式的不动产转移登记。由此保障转让双方利益，提高土地资源配置效率。

第二，“预告登记转让”制度无需动用立法变通权。作为试点创新的结果，有人会质疑“预告登记转让”制度与现存的土地转让限制矛盾，若想大规模推广复制，必须进行立法变通。然而“预告登记转让”制度本质上是预告登记制度，在立法上有据可循，是在现有的法律体系下做的适用和探索，并不与现行的法律或规定相抵触。《民法典》第 221 条明确规定：“当事人签订买卖房屋的协议或者签订其他不动产物权的协议，为保障将来实现物权，按照约定可以向登记机构申请预告登记。预告登记后，未经预告登记的权利人同意，处分该不动产的，不发生物权效力。”由此可知，“预告登记转让”目的在于形成将来行使的不动产物权变动请求权，本质是具有对抗第三人效力的债权请求权，并未在登记当时造成权利的转移，而是保障未来不动产变动登记的实现。该权利区别于对世的标准物权，具有明确的请求对象，是一项典型的债权请求权。与此相反，法律规定的“完成开发投资总额25%”的土地转让限制性规定，具有明显的物权性质，二者性质不同，不相矛盾。“预告登记转让”制度反而很好地解决了现有的法律框架下，土地转让受限的难题，有利于提高土地资源配置效率。

（2）政策建议

2020年12月23日，深圳市规划和自然资源局发布，关于公开征求《深圳市工业用地转让预告登记实施细则（征求意见稿）》意见的通告，对在深圳市行政区域内（不含深汕）已经取得不动产权属证书，和已经取得不动产权属证书但未完成开发投资总额25%的工业用地转让预告登记制度作出了详细的规定。在此基础上，我们认为还有以下配套规则需要进一步完善：

一是试点出台25%投资额认定细则，明确核算方法与主体等内容。建议借鉴其他试点地区经验，由自然资源主管部门尽快出台投资总额25%的认定标准。例如：2017年重庆市国土资源与房屋管理局出台了渝国土房管规发〔2017〕16号文，明确规定：“已开工建设，动工建设建筑物基底面积占规划设计方案建筑物基底总面积1/3以上的，可认为已达到开发投资总额的25%以上（其中：需挖深基坑的项目，基坑开挖完毕；使用桩基的项目，打入所有基础桩；其他项目，地基施工完成1/3）。”同年陕西省西安市制定出台的《关于完善建设用地使用权转让、出租、抵押二级市场试点的实施方案》明确规定，“符合下列条件之一可认为已达到开发投资总额的25%以上：以净地方式受让的土地，工程建设已全部开工并已达到正负零；或已完成的地上建筑面积达到总建筑面积（不含地下）的1/3以上；或转让方提供的具有专业资质的审计（评估）机构出具的关于开发投资额度（不含土地出让金）已达到25%以上的审计（评估）报告。”此外，为有效遏制炒卖地皮的行为，根据原国土资源部《关于闲置土地处置有关问题的复函》《国土资源部关于进一步做好闲置土地处置工作的意见》等规定，当投资开发总额出现争议时，应以经发改委批准或备案的数值为准，并且重点关注除土地出让金之外，取得土地后投入的，已经完成落实的开发投资数额。

二是明确低效工业用地认定原则并进行统计分类。低效工业用地再开发有利于进一步盘活存量土地，优化城市空间布局，推动产业结构升级，为供给侧结构性改革、经济高质量发展提供保障，同时情况复杂，难度较大，因此建议深圳市区两级有关职能部门，同深圳市大数据资源管理中心分工合作，发挥各自优势，形成合力，统筹复杂局面、攻克诸多困难。基于城市二级低效工业用地再开发目标，参考亩均产值、亩均税收等重要数据，制定合理的低效用地认定标准，全面覆盖，及时更新，并成立数据库，互联共通。严格按照认定标准对全市闲置、低效土地房产进行排查，记录相关数据、证件的问题，综合考虑各种土地要素，对土地房产进行分类统计，将闲置、低效工业用地建成数据库，并按时核查、及时更新。

4. 开展特殊工时管理改革试点

清单内容：“允许修订促进和谐劳动关系的相关经济特区法规，扩大特殊工时制度适用行业和工种岗位范围，探索适应新技术、新业态、新产业、新模式发展需要的特殊工时管理制度。”

（1）事项内容与问题分析

特殊工时制度关系每一个劳动者的工作与生活，能够更好地保障劳动者的身体健康与合法权益，提高劳动者的工作效率与工作积极性，提高政府效能，构建和谐的劳动关系。新中国成立以来，我国政府十分注重保护劳动者权益，工时制度在20世纪90年代就逐步发展完善。然而应对当前经济全球化大潮下多元化的用工需求，工时管理制度已经难以适应工业化和信息社会发展的需要，粗陋的立法为不良企业留下了侵犯劳动者合法权益的空间，企业滥用特殊工时压榨劳动者、不履行社会责任的现象时有发生，不仅侵害了劳动者的休假与获取加班工资的权利，更是对劳动者的身体健康造成了不可逆的伤害。传统的工时制度与新技术、新业态、新产业、新模式不断涌现的社会发展逐步脱节，表现在以下方面：

第一，工时制度立法位阶相对更低且较为滞后。工时制度出现之初以 1994 年的《劳动法》为法律依据，然而当时我国处于市场经济体制建立早期，相比私营经济，占绝对地位的是国有和集体经济，工业经济条件下，占据主导地位的是标准工时制度，缺乏可操作性，并未规定其他特殊的、灵活的工时制度。另外，1995 年国务院颁布的《关于职工工作时间的规定》、劳动部颁布的《关于企业实行不定时工作制和综合计算工时工作制的审批办法》等关于工时管理的专门规定，也仅仅是为了配合《劳动法》适用，位阶较低、效力较弱，且内容不全面、规则不细致，并未出台调整工时等专门立法。然而与我国不同，其他国家和地区及时通过立法出台和完善了特殊工时制度，满足了新形势下新用工形式对特殊工时制度的需要。比如，德国《工作时间法》支持企业实施“工时账户”“召唤工作”等特殊工作制度，政策由严格规制到适度放松，允许企业采取更加灵活高效的特殊工时制度；日本《劳动基准法》也采取了宽松的态度，扩大了特殊工时制度的实施领域，相关程序也一并放松。除此之外，出台特殊工时制度也是国际趋势，2006 年国际海事组织发布的《国际海事劳工公约》、2011 年国际标准化组织发布的 ISO26000《社会责任指南》，也对标准化的工时制度进行修改和完善。与此相比，我国的特殊工时立法不仅位阶较低，更是滞后于世界其他国家。

第二，工时制度难以适应社会发展的需要，面临全新的挑战。一方面，为了在激烈的市场竞争中处于优势地位，传统行业对工时制度提出更高的要求，例如 24 小时营业的便利店、全年无休的接线客服、随时在线答疑的远程教育等等，企业要求员工时刻待命，保持最好的状态迎接客户，制造业小厂和服务业的工人第天工作 12 至 14 个小时是常态。另一方面，我国经济进入高速发展时期，新兴行业快速发展，大数据、互联网和“互联网 +”的发展极大地便利了人们生活的同时，也对现有的标准工时制度和劳动者保护提出了新的难题。网约车、电商、电子金融等新型平台经济大多灵活用工，工作时间不由用人单位控制，而是由劳动者自行支配。工时制度的适用方式、适用条件不能满足这种工作模式和运营机制对灵活工时的需求，工时制度领域需要更加弹性、更加灵活的特殊工时管理机制，制定并出台相关法律法规，为特殊工时管理提供明确的法律依据十分重要。

第三，特殊工时管理概念众多，相互混淆。对工时相关的定义概念精准定义、明确界定、充分理解，是制定特殊工时制度的基础。“不定时工作制度”“综合计算工时制”“非标准工时制度”“灵活工时制”“弹性工时制”等词汇常常出现在学术和实务活动中。比如，《深圳市实行不定时工作制和综合计算工时工作制审批管理工作试行办法》采用的是“不定时工作制”和“综合计算工时制”的概念。我国《劳动法》第 36 条规定：“国家实行劳动者每日工作时间不超过八小时、平均每周工作时间不超过四十四小时的工时制度。”因此从法律上讲，与标准工时制度相比，特殊工时制度工作时长、休息方式不同，拥有工作不受延长时间标准限制的不定时工作制度、以一定期限为周期的综合计算工时制度等情况，适用情况特殊，且须经一定的审批流程。需要注意的是，上述概念起源各异，多形成于实务活动或学术研究过程中，以使用方便为目的，并未经过审慎的学术考量。

目前，深圳市特殊工时管理制度改革试点有 4 个行政区，其中坪山区已经于 2021 年 3 月在全市率先以区人民政府名义与深圳市人力资源和社会保障局联合印发《坪山区开展特殊工时管理综合改革试点实施方案》，并围绕“四新”领域企业生产经营特征、工种岗位工作特性、工作时间和劳动报酬等方面深入开展调研，摸清辖区“四新”发展现状，探索适应新时代发展特殊工时制度，积极为全市推行特殊工时制度改革提供“坪山样本”。

（2）政策建议

根据以上问题分析，我们认为在落地此条清单事项时，在上位专项立法缺失的背景下，深圳应根据不同区域、产业发展的需要，立足于现有的经验和充足的调研，细化适用上级法律的规定，制定基本保护底线和区别对待的原则，充分保障不同行业劳动者的休息休假的权利与获取加班工资等权益。具体内容如下：

一是建立清单管理机制，制定详细的特殊工时制度适用岗位名录。推行特殊工时岗位清单式管理，尽可能地采用列举法，分行业归类岗位名称及岗位描述，并建立走访调研机制，根据新经济、新业态对清单不断进行完善。对于没有设置在目录中的岗位，根据实际情况实施不定时工作制的，企业可以向市劳动行政部门申请适用，防止不定时工作制适用僵化，也能解决部分行业得不到有效覆盖的问题。将原有的报送批准流程改为审查核准程序，使得满足规定条件的用人单位在适用特殊工时制度时，所需履行的程序更加简便。此外，建立信息互通公示平台，由市人社局公布清单式管理目录，联合市政务服务数据管理局研发网上申报和监督平台，持续更新、定期更新、及时更新，接受来自劳动者和社会各界的监督，及时发现并处理滥用特殊工时制度、侵害劳动者合法权益的企业，要求其限期整改，对于屡教不改或者整改不到位的企业，撤销其特殊工时适用资格，适用严格的标准。

二是根据劳动者的职业差异，出台特殊工时制度分类保护细则。以高级管理人员为例，其工作场所和工作时间更加灵活，工作时间与生活时间很难明确划分。依据深圳市劳动和社会保障局印发的《深圳市实行不定时工作制和综合计算工时工作制审批管理工作试行办法》第 15 条的规定："用人单位中符合《公司法》规定的高级管理人员实行不定时工时制的，不需办理审批手续。"为高级管理人员实施不定时工时制度提供了明确的法律依据。然而，企业的高级管理人员并不是唯一需要适用特殊工时制度的人，原劳动部以《劳动法》为依据印发的《关于企业实行不定时工作制和综合计算工时工作制的审批办法》（以下简称"《审批办法》"）第 4 条规定："企业对符合下列条件之一的职工，可以实行不定时工作制。（一）企业中的高级管理人员、外勤人员、推销人员、部分值班人员和其他因工作无法按标准工作时间衡量的职工；（二）企业中的长途运输人员、出租汽车司机和铁路、港口、仓库的部分装卸人员以及因工作性质特殊，需机动作业的职工；（三）其他因生产特点、工作特殊需要或职责范围的关系，适合实行不定时工作制的职工。”上述人员的工作地点、工作时间、工作内容、工作强度与工作形式都与传统劳动关系存在差异，与用人单位的从属性劳动关系强弱也各有不同，不做特殊区分，统一适用内涵相同的不定时工作制度，不仅无法发挥特殊工时管理制度的真正价值，甚至为不良企业压榨员工提供可乘之机，与劳动者保护这一价值目标背道而驰。

三是明确需要适用特殊工时制度的岗位的概念与范围。如上所述，部分企业部分岗位因工作性质的差异，需要适用更加灵活的特殊工时制度，然而这些岗位的概念与适用范围却存在模糊之处。出于提高劳动行政部门的可操作性、减少争议和纠纷的目的，应当对可以适用特殊工时制度的岗位概念进行明确，细化适用范围与适用标准。比如上文提及的“高级管理人员”，《公司法》第216条规定：“高级管理人员，是指公司的经理、副经理、财务负责人，上市公司董事会秘书和公司章程规定的其他人员。”关于高级管理人员的范围，法律采用了“列举+兜底”的方式，允许公司通过章程自行认定部分高级管理人员。然而公司的认定是否合理、是否存在侵犯劳动者权益的空间；劳动部门审批时可否根据具体情况进行认定，是否存在寻租与腐败空间，“高级管理人员”这一概念与范围的模糊，也为特殊工时制度的适用带来了困难。与我国相比，美国的规定更具体、可操作性更强，美国《公平劳动标准法案》规定：“高级管理人员的固定薪酬应在除去餐费、住宿补贴和其他福利后达到每周455美元或年薪23660美元。”根据上述规定，劳动行政部门在认定岗位是否满足“高级管理人员”从而可以适用特殊的工时制度时更加容易。此外，还有更多的岗位需要适用特殊工时制度，概念与范围却不甚明晰，政府应尽快出台相应规定，细化适用特殊工时制度的岗位的适用条件，增强劳动行政部门审批时的一致性，避免冲突和纠纷。

四是推行特殊工时制度，重点在保障劳动者休息权。《审批办法》第

3 条规定："企业因生产特点不能实行《中华人民共和国劳动法》第三十六条、第三十八条规定的，可以实行不定时工作制或综合计算工时工作制等其他工作和休息办法。"根据上述规定，用人单位可以不强制要求实施特殊工时制的劳动者每周至少休息一天。然而《审批办法》的规定过于笼统，"采用集中工作、集中休息、轮休调休、弹性工作时间等适当方式"保障劳动者身体健康，缺乏操作空间，非常容易被部分不良企业加以利用，侵害劳动者休息权，与特殊工时制度保障劳动者合法权益这一制度目标背道而驰。在这种背景下，通过立法进一步细化实行特殊工时制度的劳动者的休息办法，对于广大劳动者来讲十分必要。比如明确规定对于实施特殊工时制度的劳动者，企业必须保障其每月至少休息 4 日，至于这 4 日以上的休息时间如何安排，可由劳动者与企业协商决定，兼顾适用特殊工时制度劳动者保护的目的与灵活性的需求。

五是借鉴美国的豁免制度，建立深圳市不定时工作制的法定豁免制度。2019 年"996""icu"事件爆发，很大程度上是由我国程序员适用的不定时工作制存在的适用范围狭窄及制度体系不完备的问题导致的。美国计算机雇员豁免制度规定了计算机雇员需符合"适用范围"且满足主要职责标准及工资标准才能适用豁免。深圳以信息技术产业为最大支柱产业，程序员不定时工作制应当借鉴美国计算机雇员豁免制度的经验与教训，明确规定不适用加班工资制度，修改适用范围，设立主要职责标准和工资标准，以促进企业实行合法工作制，保障劳动者合法的劳动权益。

5. 支持在资本市场建设上先行先试

清单内容："推进创业板改革并试点注册制落地，建立新三板挂牌公司转板上市机制。"

（1）事项内容与问题分析

事项一：推进创业板改革并试点注册制落地

2020 年 4 月 27 日，继科创板推行注册制后，备受市场期待的创业板改革并试点注册制总体实施方案"出炉"，我国资本市场深刻变革的征程再次迎来关键节点。正如深交所《全力以赴抓好创业板改革并试点注册制平稳落地》专题会议所说，“推进创业板改革并试点注册制是深入贯彻习近平新时代中国特色社会主义思想，深化资本市场改革、完善资本市场基础制度、提升资本市场功能的重要安排，是积极支持粤港澳大湾区和中国特色社会主义先行示范区建设的重大举措，对于发挥市场在资源配置中的决定性作用，打造规范、透明、开放、有活力、有韧性的资本市场具有重要意义。”

证监会和深交所随即发布《创业板首次公开发行股票注册管理办法（试行）》《创业板上市公司证券发行注册管理办法（试行）》《创业板上市公司持续监管办法（试行）》等一系列规范性文件，搭建起创业板改革并试点注册制的整体制度框架，为改革提供明确并具有可操作性的法律依据，对资本市场的建设与发展具有重要的意义。

我国证券市场由行政主导的审批制作为起点、20世纪末转为市场化方向的核准制、如今正在进行注册制的转变，逐步放权市场。那么注册制到底是什么呢？注册制，又称“登记制”或者“申报制”，要求发行证券的公司在首次公开募股中，呈报关于证券发行本身以及有关的所有信息并申请注册，证券主管机构只负责对发行申请人提供的信息是否履行了信息披露义务进行形式审查，不对证券本身以及发行行为作出实质审查以及价值判断。

与核准制相比，注册制的特点在于：第一，以信息披露为导向，重点在于全面、真实、准确的公开，证券监管机构只对提交文件做形式审查，不做证券发行与上市条件的实质判断，证券的实质价值由投资者判断，由市场进行选择，优胜劣汰；第二，审核上市公司的权利由证券交易所行使，不再统一收归证监会；发行人发行证券的权利自动取得，不需政府的特别授权；第三，注册制缩短上市周期、提高发行效率，同时强调事后控制，若发行人提交注册的文件存在虚假或缺失，为投资者造成损失，证券发行相关人员应当承担赔偿损失。

与科创板相比，创业板的特点在于：不是新设板块，同时存在存量与增量，创业板的各项改革政策与存量上市公司和投资者的切身利益密切相关，改革过程中必须妥善处理好增量与存量的关系，做好新旧制度之间的衔接，这对利用特区立法权、促进资本市场改革平稳有序进行提出了较高的要求。

创业板的改革、注册制的推进，使我国资本市场发展更加国际化，缩短了与美国纳斯达克市场的差距。在全面推行注册制的同时，A 股还迎来了被称为“史上最严”的退市制度。2020 年 12 月 31 日，沪深交易所分别发布退市新规，全面修订了财务指标类、交易指标类、重大违法类、规范类退市标准，优化退市制度，打击财务造假，形成上市公司宽进严出、优胜劣汰的市场生态，促进我国资本市场稳健发展和长足成长。

注册制改革向众多具备高成长性的高新技术企业打开了资本市场的大门，深圳的创业板已成长为“创新创业”企业集聚地，九成以上企业为高新技术企业，超过八成拥有自主研发核心能力，战略性新兴产业比例超过七成，新材料、生物医药、高端装备制造、新信息技术等行业聚集。自 2020 年 8 月 24 日首批 18 家创业板注册制企业上市以来，根据新浪财经的数据显示，“截至 2021 年 6 月 11 日，创业板注册制新上市企业共 137 家，其中高新技术企业 118 家，新上市企业累计融资 1147.18 亿元。再融资方面，累计受理 323 家项目，注册生效 233 家，其中 145 家已完成发行，累计募集资金 1422.02 亿元，5 家简易程序项目募集资金 9.05 亿元。并购重组方面，累计受理 22 家申请，8 家注册生效，交易总额 38.44 亿元。”

事项二：建立新三板挂牌公司转板上市机制

2013 年 12 月，《国务院关于全国中小企业股份转让系统有关问题的决定》将全国中小企业股份转让系统（下称“新三板”）扩容至全国。作为我国多层次资本市场的重要组成部分，新三板坚持服务中小企业和民营经济的定位，构建了符合中小企业特点的制度安排，吸引了一大批优质企业挂牌新三板。然而随着资本市场注册制改革的不断推进，新三板发展逐渐进入“深水区”，挂牌制度、交易方式、投资者门槛、信息披露要求与沪深交易所完全不同，具有流动性差、投资门槛偏高、投资风险大、融资难、信息不对称等缺点，非常容易引起市场的逆向选择，阻碍优质企业的长足发展。同时，场内市场 IPO 的成本十分高昂，阻碍了部分优质企业的进一步发展，有必要建立转板上市机制、降低交易成本，更好地服务于广大企业，提高资本市场流动性。

随着 2019 年中央经济工作会议提出稳步推进新三板改革及新《证券法》的实施，我国多层次资本市场体系进一步完善，新三板作为“国务院批准的其他全国性证券交易场所”的法律地位得到明确。2020 年 6 月，证监会发布《关于全国中小企业股份转让系统挂牌公司转板上市的指导意见》（以下简称“《转板上市指导意见》”），设立精选层，允许符合条件的新三板精选层公司申请转板至上交所科创板或深交所创业板上市，尊重企业意愿，顺应市场需求。具体内容包括：

第一，允许在新三板挂牌满 12 个月的创新层挂牌公司申请公开发行并在精选层挂牌。若同时符合公开发行条件和进入精选层条件，达到公众性水平要求并且不存在负面清单情形，可向开通新三板精选层交易权限的合格投资者（100 万）公开发行，允许公开路演、公开询价，要求证券公司保荐、承销。打破了以往新三板企业作为非上市公众公司，只能定向发行，无法满足上市公司要求的公开发行条件的限制。

第二，允许在精选层挂牌连续挂牌一年以上的公司申请转板至上交所科创板或深交所创业板上市，转板上市条件与首次公开发行并上市条件保持基本一致。根据《转板上市指导意见》的规定，“转板上市属于股票交易场所的变更，不涉及股票公开发行，依法无需经中国证监会核准或注册，由上交所、深交所依据上市规则进行审核并作出决定。转板上市程序主要包括：企业履行内部决策程序后提出转板上市申请，交易所审核并作出是否同意上市的决定，企业在新三板终止挂牌并在上交所或深交所上市交易。”

新三板转板上市机制推出以来，受到了理论界和实务界的广泛欢迎。但考虑到资本市场外部性较强，具有强大的风险传导与扩散能力，新三板企业转板上市必须依靠完备的制度规则，以防止欺诈上市，保护投资者利益。深交所于 2021 年 2 月 26 日发布了《关于全国中小企业股份转让系统挂牌公司向创业板转板上市办法（试行）》的通知，明确了新三板精选层公司申请转板上市至深交所创业板应满足的条件、转板上市的审核内容与方式、转板上市程序、转板上市安排等内容，为新三板公司转板上市至创业板提供具有可操性的指引。

（2）政策建议

一是司法先行，完善投资者保护机制与集体诉讼机制。目前改革进入深水区，司法先行可以在立法还不完善的情况下，积极处理改革后可能出现的问题，解决争议和纠纷，推动创业板注册制改革的进行。根据最高人民法院发布的《关于为创业板改革并试点注册制提供司法保障的若干意见》，以及广东省高级人民法院发布的《关于为深圳证券交易所创业板改革并试点注册制提供司法保障实施意见》等文件的指引，深圳中院于2020年8月28日发布了《关于服务保障创业板改革并试点注册制的实施意见》，结合各类涉创业板案件的特点，探索司法服务保障措施创新和审判机制方法创新，提出了30条具体举措，涵盖刑事、民事、行政审判等各个领域，贯穿立案、审判、执行等各个阶段。接下来，立法机关应密切关注相关典型案例，总结司法判例中的实践经验，根据授权对法律、行政法规、地方性法规作变通规定。

二是变通适用"公开发行"规定，简化"新三板"转板上市核准程序。《证券法》第九条规定："有下列情形之一的，为公开发行：（一）向不特定对象发行证券；（二）向特定对象发行证券累计超过二百人，但依法实施员工持股计划的员工人数不计算在内；（三）法律、行政法规规定的其他发行行为。"根据现行法律，证券上市一般以公开发行证券为前提，然而有学者主张，理论上看，非公开发行的证券也存在上市交易的可能性，比如股份公司内部职工股配售期满后申请上市交易。我国此次推行注册制改革，可能对公开发行与上市之间的捆绑造成挑战，新三板的企业是非上市公众公司，也可能公开发行。建议深圳通过特区立法变通适用"公开发行"规则，简化转板上市核准程序，从而解决公开发行障碍。

三是加强对借壳挂牌并转板的监管。改革之前，新三板市场监管不严，存在许多“买壳卖壳”行为，甚至产生了借壳挂牌市场，将壳资源挂牌出售，给市场造成了十分恶劣的影响。新三板转板上市制度推行后，挂牌公司的身份更加珍贵，必须通过严格的监管来打击通过造假和借壳挂牌上市的现象。建议出台和完善以下配套规则：第一，新三板挂牌公司进行重大资产重组、实际控制人发生变更时，应当进行全面、真实、准确的信息披露，并向证券监管机构备案；第二，挂牌审核部门加强对借壳上市的审查，坚持与挂牌审核的标准相一致，避免不符合挂牌标准、存在严重欺诈、造假的企业通过借壳挂牌上市；第三，对于申请转板上市的挂牌公司，严格按照证监会发布的《创业板首次公开发行股票注册管理办法（试行）》第十二条“（二）主营业务、控制权和管理团队稳定，最近二年内主营业务和董事、高级管理人员均没有发生重大不利变化；控股股东和受控股股东、实际控制人支配的股东所持发行人的股份权属清晰，最近二年实际控制人没有发生变更，不存在导致控制权可能变更的重大权属纠纷。”的规定进行审查，严格监管以套利为目的，借壳挂牌公司，短期内实现转板上市行为。精选层挂牌企业连续挂牌一年以上即可申请转板，但却要求企业最近两年实际控制人未发生变更，提高借壳上市的成本，引导企业通过合法途径、正常挂牌并转板上市。

四是进一步完善上市股份限售规定。为了防止上市公司控股股东、实际控制人、董事、监事、高级管理人员等人员的道德风险，各国都出台了针对股东首次公开发行并上市前获得的股份的限售制度，我国的限售制度亦十分严格。根据深交所 2021 年 2 月发布的《关于全国中小企业股份转让系统挂牌公司向创业板转板上市办法（试行）》第三十三条的规定，“转板公司控股股东、实际控制人及其一致行动人自公司转板上市之日起十二个月内不得减持或者委托他人管理其直接和间接持有的转板上市前股份，也不得提议由公司回购该部分股份。上述限售期满后六个月内，控股股东、实际控制人及其一致行动人减持股份的，不得导致公司控制权发生变更。转板公司无控股股东、实际控制人的，应当参照控股股东、实际控制人进行股份限售的股东范围，参照适用创业板首次公开发行股票上市的相关规定，股份限售期为公司转板上市之日起十二个月。转板公司董事、监事、高级管理人员自公司转板上市之日起十二个月内不得减持转板上市前股份。”上述规定的限售义务要求的对象包括：转板公司的控股股东、实际控制人及其一致行动人、董事、监事、高级管理人员。然而根据《深圳证券交易所创业板股票上市规则》第 2.3.3 条的规定：“公司股东持有的首发前股份，自发行人股票上市之日起十二个月内不得转让。”将首发前限售义务的对象扩展到了所有股东。由于限售期的存在，为了避免公司上市后没有股票在二级市场流通，公司上市前应当进行一次公开发行。新三板转板上市不发行新股，为了避免公司股票被全部冻结，上市前的股份不能被全面限售。因此应当依照《关于全国中小企业股份转让系统挂牌公司向创业板转板上市办法（试行）》的规定，库存股的限售义务仅针对挂牌公司的控股股东、实际控制人、董事、监事以及高级管理人员，而非上市前所有已发行股份，允许公众股东所持股份上市流通。《深圳证券交易所创业板股票上市规则》第 2.3.3 条不包括挂牌公司转板上市的情形，保障公司上市后二级市场上拥有充足的流通股，同时满足控制上市公司内部人员道德风险的需求。

6. 推出深市股指期货

清单内容：“推出深市股票股指期货，不断丰富股票股指期货产品体系。”

（1）事项内容与问题分析

股指期货对是金融市场重要的基础性产品和风险管理工具，有利于加强各金融市场的联动，完善资本市场的价格发现功能，引导市场合理配置资源，促进市场的长期稳定健康发展。目前，国内共有中金所三种股指期货产品（上证 50、沪深 300 和中证 500 为标的），其中两个是跨市场指数品种，一个是上证指数期货品种，均聚焦上海市场，在深市单市场指数期货上存在空白。由于沪深两市在市场结构、产业分布、上市公司规模等方面存在较大差异，推出聚焦深市的股指期货产品具有重要意义，可以对现有股指期货产品格局形成有益补充，市场对此已有很高的呼声。

虽然深市股指期货的标的指数花落谁家暂无定论，经过多年发展和积累，目前深市已形成了“深证成指 + 深证 100、创业板指”为核心的指数体系。2019 年以来，经历新冠疫情、经贸摩擦等诸多挑战，深市指数表现依旧亮眼，创业板指、深证 100、深证成指分别上涨 155%、105%、85%，位列同期全球主要指数前三名，彰显我国经济的强大韧性和旺盛活力。总体上看，深市指数类别丰富、数量众多，为深市股票股指期货提供了丰富的储备资源。推出深市股票指数期货之后，那些专注于深市股票的投资者，可以比较方便地利用该股指期货进行风险对冲，或者进行资产的管理，会有更多的资金进入深市，从而推动深圳股票市场的发展。

沪深 300 股指期货作为我国第一个股指期货产品，推出至今已超过 11 年。然而，针对期货市场运行中的法律关系，我国目前还没有出台专门的法律法规，目前股指期货监管中，国务院 2017 年修订的《期货交易管理条例》（以下简称《期货条例》）效力层级最高的，但《期货条例》作为行政规章，效力层级仍然不够，调整范围有限，调整股指期货交易时存在滞后性和空白之处，无法解决期货市场运行发展中的全部问题。

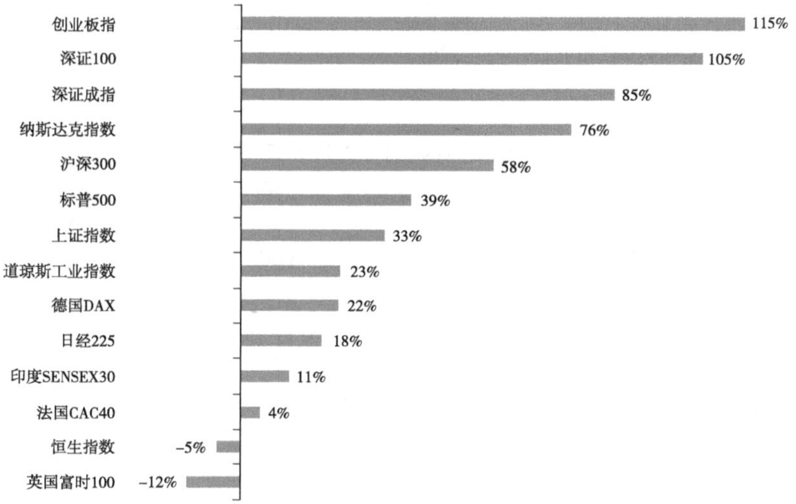

图 1　2019 年以来全球主要市场指数累计涨幅（截至 2020 年 10 月 19 日）

除此之外，期货、期权等金融衍生品在我国陆续产生，原油期货发展前景良好，A股国际化加速，沪港通、深港通、沪伦通平稳运行，加上中欧国际交易所的落地，使不法分子利用离岸市场进行跨境、跨市场操纵成为可能。而最高人民检察院、公安部发布的《关于公安机关管辖的刑事案件立案追诉标准的规定（二）》中第三十七条“编造并传播证券、期货交易虚假信息案”、第三十九条“操纵证券、期货市场案”也只是在对市场操纵行为进行规定时，涵盖了股指期货市场的违法行为的立案标准，这对于整个跨市场规制行为来说微不足道，对比于新《证券法》还是略显薄弱。《刑法》第一百八十二条虽然规定了操纵证券、期货市场罪，但是该法条限于刑法领域，没有较强的适用性。因此，深圳先行先试通过改革尝试完善股指期货规则刻不容缓。

（2）政策建议

配合做好期货法立法工作，夯实期货市场法治基础。我国《期货法》立法历经20年，出台艰难。《期货法》立法动议早在七届全国人大的时候已经提出，后来由于种种原因中断，之后又在十届、十一届全国人大中列入立法规划。2020年6月1日第十三届全国人民代表大会常务委员会第58次委员长会议修改的《全国人大常委会2020年度立法工作计划》明确将《期货法》列为2020年度将要初次审议的法律案，标志着《期货法》立法进入快车道。《期货法（草案）》在经过十三届全国人大常委会第二十八次会议第一次审议后，于2021年4月29日在中国人大网公开向社会征求意见，这标志着期货法草案取得突破性进展，进入了人大立法“三审”程序中的第一阶段即初步审议阶段，不过距离正式推出还需要经过专门委员会的深入审议、再修改和再审议、表决通过等程序。基于此，深圳目前的主要工作应是稳步推出单市场ETF期权，加大研发投入、丰富期权品种，研究制定首批授权事项清单上明确要求的推出深市股票股指期货的相关方案，优化衍生品的交易结算制度，通过改革实践为《期货法》立法提供顶层设计的经验支持。

7. 开展创新企业境内发行股票或存托凭证（CDR）试点

清单内容："完善创新企业境内发行上市制度，推动具有创新引领示范作用的企业发行股票或存托凭证（CDR）并在深交所上市，强化创新企业信息披露，保护投资者合法权益。"

（1）事项内容与问题分析

为了向不便或无法在国内 IPO 的创新企业，提供其他融资的方式，我国出台了中国存托凭证（Chinese Depository Receipt，以下简称"CDR"）。目前，中国最好的一批互联网企业都在海外（境外）上市，如腾讯在香港，百度、阿里、京东、网易在美国，主要是中国的金融监管一直很严格，创新公司早期很难盈利，如京东到现在还没有什么盈利，因此这些企业当年不可能在中国上市。再加上创新公司需要较长的时间积累，很多创新公司到现在依然没有盈利，即使现在国家想让它们回归，在我们现行的法律框架底下，它们也不可能直接回归在 A 股市场上发行股票。近年来国家对创新型企业非常重视，特别希望这些创新巨头能够回归 A 股市场。一来可以刺激资本市场向创新型企业倾斜，鼓励创新企业发展；二来可以让 A 股的股民能够分享这些企业的高速成长。开展创新企业境内发行股票或存托凭证（CDR）试点的创新模式，能够吸引这些优质企业回到 A 股市场，成为当前条件下的最佳策略。

2018 年，证监会先后发布了《关于开展创新企业境内发行股票或存托凭证试点的若干意见》（以下简称"《存托凭证若干意见》"）、《存托凭证发行与交易管理办法（试行）》等文件，使 CDR 的试点加快。从基础证券上看，与国外不同，我国目前发行 CDR 依托的基础证券仅有股票，不包括债券。从试点企业资质来看，根据《存托凭证若干意见》第 3 条的规定："试点企业应当是符合国家战略、掌握核心技术、市场认可度高，属于互联网、大数据、云计算、人工智能、软件和集成电路、高端装备制造、生物医药等高新技术产业和战略性新兴产业，且达到相当规模的创新企业。其中，已在境外上市的大型红筹企业，市值不低于 2000 亿元人民币；尚未在境外上市的创新企业（包括红筹企业和境内注册企业），最近一年营业收入不低于30亿元人民币且估值不低于200亿元人民币，或者营业收入快速增长，拥有自主研发、国际领先技术，同行业竞争中处于相对优势地位。”根据上述规定，已经IPO的创新企业，若市值低于2000亿人民币，目前不具备成为试点企业的资质，需要进一步扩大市值；而对于估值超过2000亿人民币的，尚未IPO的创新企业而言，虽然可以申请发行CDR，但单独发行意义不大。

此外，试点企业的行为受到监管，存托凭证分红派息、募集资金使用等行为应当规范，符合我国外资、外汇管理等相关规定。我国具有中国特色的市场机制，证监会弱实质化审核发行，加上外汇管制，CDR的发行仍然存在许多挑战和困难，投资者维权的风险、监管中的管辖权问题以及其他市场风险，必须引起重视。

我们认为，深圳试点CDR主要有以下法律问题需要关注：

第一，执法管辖权适用困难。在管辖权问题上，我国已初步形成了争议管辖的框架，采取的措施并不激进。根据《存托凭证若干意见》第六条规定：“……存托协议应约定因存托凭证发生的纠纷适用中国法律法规规定，由境内法院管辖。”然而在实践中，双重管辖、管辖权冲突常常使执法陷入困境。证监会或许考虑到了这个问题，在《存托凭证若干意见》第三条指出了红筹企业的概念，“本意见所称红筹企业，是指注册地在境外、主要经营活动在境内的企业。”上述规定可以为执法提供一些帮助，但是我国执法只能局限于境内的实体部分，对于境外部分，所在国政府的支持仍然十分必要，跨境执法的问题依然存在。

第二，法律关系存在争议。存托凭证持有人与存托人之间存在何种法律关系，在理论界一直颇受争议。有人主张，持有人与存托人之间系股权代持关系，存托人是名义股东，登记在股东名册，行使股东权利；持有人是实际股东，享受投资收益。也有人提出质疑，认为股权代持行为存在风险，可能对投资者权益造成损害，且股权代持是双方法律关系，而存托协议涉及三方关系。还有人提出，深圳在试点时应当对法律关系进行明确，建议立法考虑以信托关系为基础，若股票的收益不是存托凭证的收益，而是信托财产所得，更有利于境内投资者进行税务筹划，避免重复征税，保护投资者合法利益，然而此时，应当适当讨论存托人的权限问题。

第三，非上市企业信息披露有限。非上市企业可能在中国境内发行一般性的 CDR 产品，依据境内相关规定，非上市企业发行 CDR 时履行一定的信息披露。然而非上市企业与上市企业不同，信息披露要求较低，发行后的信息披露可能不够全面、准确、真实，境内证券监管机构所能获取的信息有限，无法及时核实相关信息。

第四，投资者维权存在风险。投资者在与存托人、发行人的三方法律关系中，处于相对弱势地位，权益容易受到侵害，存在维权困难的风险，具体表现如下：首先，当发行人问题损害投资者利益时，国内的投资者和境外的发行人由于地域的限制，沟通不畅，权益容易受到侵害，此时存托人是否有义务帮助投资者追偿，以及若存托人拒绝帮忙追偿或消极抵抗，是否应当承担相应的法律责任，缺乏明确的规定，为投资者维权带来了风险。其次，由存托人将发行人分发的红利交付给投资者，但存托人自身可能出现破产、财务危机、甚至道德风险，无法或拒绝将股票红利支付给投资者，此时投资者维权存在困难，即使证券监管机构及时介入，应属于投资者的红利无法找回的概率仍然很大。再次，若存托人尚未向投资者交付红利，发行人已经破产，大多数学者认为，此时的红利款项仍为发行人的利益，只是由存托人暂时占有，属于发行人的破产财产，投资者想要追偿，必须和发行人的其他债权人一样，通过破产程序进行追偿，对于投资者而言，破产程序周期长、成本高，且追回股票红利难度较大，仍然存在无法受偿的风险，投资者维权陷入困境，权益受到侵害。最后，《存托凭证若干意见》没有明确规定 CDR 赎回权。

（2）政策建议

第一，建议深圳充分借助存托协议，努力促成双边或多边协议，借助立法及司法，使执法管辖权具有可操作性。如上所述，我国要求存托协议应对司法管辖权归属、法律适用问题进行约定，然而上述概括性要求不够细致，我国法院适用我国法律解决问题时，可能仍然会遇到困难，比如存托协议的自治范围、存托协议中未约定的权利义务纠纷，以及投资者与境外托管人的纠纷处置等等。以上问题必须通过补充性立法或者司法实践以弥补法律空白。首先，应当以我国法律规定明确存托协议意思自治范围，存托凭证本质上是一种证券产品，应当符合我国《证券法》的规定，接受我国证券监管机构的监管；其次，应当明确存托凭证协议的本质，若存托凭证协议本质是合同，一方当事人是投资者，一方当事人是发行人，若投资者因发行人的欺诈受到损害，发行人应承担赔偿责任，同时建议规定存托人与发行人之间构成不真正连带责任，存托人代为赔偿后，可以向发行人追偿，运用市场本身的手段解决执法管辖权本身的分配问题，比如引导境外存托人在境外向发行人提起赔偿诉讼。

第二，建议深圳通过特区立法先行先试明确法律关系。考虑存托凭证持有人与存托人之间成了信托关系，存托人为托管财产的管理人，可以在一定范围内管理基础证券。需要注意的是，根据《商业银行法》第四十三条："商业银行在中华人民共和国境内不得从事信托投资和证券经营业务，不得向非自用不动产投资或者向非银行金融机构和企业投资，但国家另有规定的除外。"以及《证券法》第六条："证券业和银行业、信托业、保险业实行分业经营、分业管理，证券公司与银行、信托、保险业务机构分别设立。国家另有规定的除外。"我国的券商和商业银行都不得从事信托业务，因此采取信托法律关系后存托机构的主体资格就出现了法律冲突。然而上述规定都包含了豁免规则，即"国家另有规定的除外"，因此通过与国务院、证监会沟通协调，通过授权立法的方式对专门的银行或证券公司进行豁免性规定，具有一定的可行性。此外，若认可信托法律关系，必须对存托人管理基础证券的权限、存托人的行为边界做出限定。若投资者授权存托人紧急情况时的买卖权利，则对存托人的投资能力与诚信情况提出更高的要求，建议授权监管机构拥有事后评估或审核存托人交易行为的权力，保障交易公平，维护投资者权益。

第三，优化非上市企业信息披露制度。提高有意在境内发行 CDR 的未上市企业的信息披露要求，信息披露要全面、真实、准确，更要及时、持续、更新。此外，成立时间短、估值高、未上市的“独角兽企业”，业务专业性较强，盈利能力难以准确评估，可以允许深圳设立专门的审核委员会，对企业业务进行可行性评估，防范风险。

第四，畅通投资者维权途径。首先，如上所述，当因发行人问题损害投资者利益时，存托人与发行人构成不真正连带关系，存托人代为赔偿后，有权向发行人追偿。其次，为了防止存托人出现破产、财务危机等问题损害投资者利益，应当要求存托人保持“信托财产”的独立性，强化事前监管，独立与存托人自身的财产。再次，当发行人已经破产，存托人持有投资红利时，从信托关系的角度来看，存托人可以被理解为资产管理人、委托人，存托人暂时保管的投资红利应归投资人享有，这一点应当在相关立法中进行明确。最后，虽然《存托凭证若干意见》没有明确规定CDR赎回权，但其提到“基础证券发行人、存托人及存托凭证持有人通过存托协议明确存托凭证所代表权益及各方权利义务。”因此深圳的监管规则可以细化赎回权条款，并加入存托协议。此外，也可以借鉴美国存托凭证（ANR），以行政手段保障投资者赎回权。

8. 优化私募基金市场准入环境

清单内容：“推动从事私募基金业务的公司或合伙制企业实行统一的注册名称和经营范围字样，登记注册后限期备案，建立完善市场监管、金融监管等部门私募基金登记注册信息互联互通机制。完善私募基金管理人及私募基金产品登记备案流程，为符合条件的管理人和基金产品开辟绿色通道，提升准入、募资、退出等环节便利化程度。建立私募基金分级分类监管机制，完善私募基金托管制度，加强账户行为监管，解决影响出资人权益保护的障碍和问题，提高违法违规成本，不断完善风险防控机制，借鉴可变资本公司等先进经验，试点探索私募基金新形态，推动私募基金行业规范健康发展。”

（1）事项内容与问题分析

深圳一直走在金融科创业的前列，本条为深圳私募基金市场的规范与优化创建了新机会。数据统计显示，深圳作为创投机构聚集地，目前共有近 4500 家私募基金管理人，管理基金规模达到了 1.9 万亿元，进一步加强私募基金监管，严厉打击各类违法违规行为，提升行业规范发展水平，拓宽资金来源和退出方式，是保护投资者利益、促进行业健康发展的必然要求。2020 年 8 月，深圳私募基金业协会正式成立，首批会员 133 家，有利于引导会员合规经营、规范募资、专业管理、勤勉尽责。本条事项将继续落实行业内的“扶优限劣”。

本条事项中落地最难的在于“借鉴可变资本公司等先进经验，试点探索私募基金新形态”事项。其中，可变资本公司（Variable Capital Company，简称“VCC”）是除了公司、有限合伙企业和单位信托以外，一种全新的新加坡基金架构。简单来说，一间可变资本公司类似于一个自由流动的资金池，投资者将资产注入池中，再交由专业基金经理进行管理，以达到基金投资的目的。与传统的公司结构相比，灵活性更好，可以享受优惠的税收政策，甚至可以免税。

从 2019 年 9 月，新加坡开始执行可变资本公司试验计划以来，已有 18 家基金公司参与，在可变资本公司结构下注册了 20 多个不同范围的基金投资，包括风险投资、私募股权、避险基金、环境、社会与治理投资，而 18 家基金公司中有两家来自中国香港。2020 年 1 月 15 日，新加坡金融管理局（MAS）和会计与企业管制局（ACRA）联合发表声明，正式推出可变动资本公司框架。在声明中，MAS 表示，可变资本公司架构可媲美世界重要投资基金中心（如开曼群岛和卢森堡）的企业基金结构，消除新加坡基金经理管理海外投资基金的不便，提高成本和时间效率的同时，也为基金在新加坡的注册和营运提供更大的灵活度。因此，MAS 相信，可变资本公司架构可以鼓励更多基金在新加坡注册，而新加坡作为全球金融中心和投资基金中心的地位也将借此得以提升。

在我国，2012 年《投资基金法》修订时，将非公开募集资金设立证券投资基金纳入调整范围。现行《投资基金法》第九十二条规定了非公开募集基金签订基金合同应当载明的内容，其中基金的运作方式、收益分配原则、执行方式等内容均涉及基金治理机制的议题。由于私募基金不直接向社会大众公开募集资金，在各国法制下向来不是受高度监管的对象。我国同样对于私募基金采取相对宽松的监管，大量事宜交由当事人意思自治。我国《投资基金法》规定基金的运作方式包括封闭式、开放式或者其他方式，其他方式由证券监督管理机构另行规定。对于私募基金而言，采取何种方式，应当通过非公开募集基金的合同予以载明。同时，《投资基金法》第153条又允许证券投资活动可以公司或者合伙企业形式进行。根据该规定及其他依据，从基金的组织形式来划分，在现有的法律框架下，私募基金可以采取契约型、公司型或者合伙型。

因此，目前我国的法律框架中，在缺失配套执行规范的前提下，可变资本公司等私募基金新形态存在法律制度障碍，无法落地实施。首先需要明确的是，可变资本公司等私募基金新形态采取的并非传统意义上的契约型、公司型或者合伙型组织形式，《投资基金法》《信托法》《合伙企业法》《公司法》等现有法律均无法承担起其构造的法律基础。

（2）政策建议

启动可变资本公司等新形态私募基金的立法工作，争取中央授权以对《公司法》等上位法进行变通。世界范围来看，可变资本公司形式已经越来越国际化，爱尔兰、卢森堡等国家已经设立了专门的公司组织形式，方便进行资产管理。在我国，通过特区立法颁布《深圳特区可变资本公司条例》，改革基金组织形式，通过引入一种专门的公司结构来解决现有的单位信托基金、有限合伙企业和公司等组织形式的不足之处。保留控制规则等创业投资有限合伙的常见特征，从功能上改造目前的主联基金结构，以可变资本公司结构替代，能够以自身名义持有资产并永久存续。并同时变通《投资基金法》《公司法》《合伙企业法》《税法》等法律中不适合基金的部分，突破现有法律对新形态私募基金的种种限制，为日后国家层面出台相关法律进行先行先试。

在公司形式上，可注册为单体公司基金，或者设立成伞形基金结构，包含多个资产和负债相互隔离的子基金。可同时发行封闭式基金（如私募股权基金）和开放式基金（如对冲基金）；为传统策略和替代策略提供合适的公司结构，满足了包括传统投资管理人和另类投资管理人在内的基金管理界的多样化需求；无须召开年度股东大会，且无须公开股东名册；可变资本公司股东名册不必公开，但是应根据要求向公共机构披露，以进行监管、监督和执法，这种安排考虑到投资者对隐私的需求，并且与其他主要基金管辖区（例如英国和爱尔兰）的惯例保持一致；允许现有中国境外的公司制基金可以转移至中国并注册为可变资本公司；可享受基金税务豁免政策等等。

9. 优化创业投资企业市场准入和发展环境

清单内容：

1）完善创业投资发展的法治环境，鼓励深圳制定促进创业投资发展的地方性法规。优化创业投资发展的政策和市场环境，拓宽创业投资资金来源和市场化退出渠道，推动创业投资双向开放，营造有利于创业投资发展的生态环境。

2）规范从事创业投资业务的公司或合伙制企业的注册名称和经营范围要求，创业投资企业商事登记注册后限期完成备案。健全市场监管、金融监管和行业发展等部门对创业投资企业登记注册信息实时共享和互联互通机制。

3）支持深圳创建具有国际影响力的创业投资中心。

（1）事项内容与问题分析

与第8条类似，本事项同样也是有助于深圳创业投资企业发展，也是大湾区整体建设的资源优势整合，通过优化准入与发展环境，形成良性竞争的闭环，让有实力的创企生存下来。从入口端进行完善，降低资金准入门槛，在项目扶持方面予以政策倾斜，为创新、创业、创投提供更好的环境。其实，深圳已经开始探索科技创新项目与多元化创投资本发展的连接，且取得了一定成果，本次政策空间的打开，为深圳创投行业的发展带来更多机遇与潜在可能，深圳的创投行业前景可期。

（2）政策建议

为了推动创业投资基金的高效运作，有必要通过特区立法，完善与创业投资基金有关的法律规范。2019 年 10 月，国家发改委、央行等六部门联合发布了《关于进一步明确规范金融机构资产管理产品投资创业投资基金与政府出资产业投资基金的通知》，指出“创业投资基金和政府出资产业投资基金（以下简称两类基金）是实现技术、资本、人才、管理等创新要素与实体经济有效结合的投融资方式，是推动经济高质量发展的重要资本力量，对于保持补短板力度，持续激发民间投资活力意义重大。”为了使上述通知的内容进一步落实，优化操作流程，促进创业投资基金稳健发展，深圳应当合理利用特区立法权，出台一些具有针对性和实效性的规则。针对合伙制创业投资基金，有别于以往“先分后税”的纳税原则，出台专门的税收政策，避免合伙人不合理的收益分配，以及税负中的问题；至于法人合伙人，对外投资分回的红利应当共享，符合条件的居民企业投资所得股息红利，可以免征所得税，避免重复征税，减轻税收负担，提高基金适用性。

10. 依法依规开展基础设施领域不动产投资信托基金试点

清单内容：

1）在交通、水利、物流仓储、产业园区等基础设施领域推出公募不动产投资信托基金。

2）探索国有企业参与不动产投资信托基金的有效方式和路径。

（1）事项内容与问题分析

随着我国基建规模的不断扩大，存量资产的规模逐渐变大，地方政府的债务规模也逐渐膨胀起来，不利于地方财政稳定，也不利于区域金融的发展。国家肯定并支持基础设施领域不动产投资信托基金（Real Estate Investment Trusts，简称“REITs”）的发展，并出台众多政策予以扶持。国家发改委综合司司长、新闻发言人袁达表示："基础设施 REITs 是存量基础设施项目以公开募集基金的形式进行融资的一种金融工具，既有利于盘活基础设施存量资产，回收资金用于新的项目建设；也有利于促进资金脱虚向实，提高金融服务实体经济质量和效率。"

2016 年 12 月,《推进传统基础设施领域政府和社会资本合作（PPP）项目资产证券化相关工作的通知》(以下简称"《相关工作通知》")发布，推动融资方式创新，更好地服务传统基础设施建设与实体经济。2020 年 4 月,《关于推进基础设施领域不动产投资信托基金（REITs）试点相关工作的通知》(以下简称"《试点通知》")发布，基础设施领域公募 REITs 试点正式启动。2020 年 8 月,《公开募集基础设施证券投资基金指引（试行）》(以下简称"《基金指引》")发布，填补了我国当前公募 REITs 产品空白，提高直接融资比重，拓宽社会资本投资渠道。

国际市场的 REITs 具有"权益属性"以及"公开发行"两大特点，我国《试点通知》及《基金指引》中的 REITs 产品符合以上两点要求，意味着国内的 REITs 产品正式起步，促进国内不动产及金融资源的有效盘活，具有重要的意义。公开市场具有价值发现功能，有利于实现各类基础设施、商业不动产的公允价值。但是，现阶段在我国开展基础设施 REITs 面临较多的法律与制度障碍，主要表现在：

第一，REITs 产品面临立法空白。我国《公司法》未明确 REITs 法律主体地位，缺乏法律保障；《证券法》《证券投资基金法》《信托法》《信托公司管理办法》《信托公司资金信托管理暂行办法（征求意见稿）》均未对 REITs 的权利义务作出明确规定，法律真空有待填补；房地产法律体系尚未形成完整体系,《土地管理法》和《土地管理法实施条例》缺乏对 REITs 的详细规定，造成不动产登记程序复杂混乱;《税法》中也缺少相应的规定。完善 REITs 相关法律体系，为基础设施 REITs 的发展保驾护航十分必要。

第二，REITs 的法律主体地位存疑。REITs 的法律主体是特殊目的公司（Special purpose company，简称"SPC"）时，根据《关于外国投资者并购境内企业的规定》的解释，SPC 系指“中国境内公司或自然人为实现以其实际拥有的境内公司权益在境外上市而直接或间接控制的境外公司。”SPC 是境外公司，常常是“空壳公司”，没有固定的经营场所与人员，不满足设立公司应当具备的经营场所和经营条件。REITs 的法律主体是特殊目的信托（Special purpose company，简称“SPT”）时，缺乏统一的二级公开市场来转让发行后的受益权凭证。同时，信托业属银保监会管辖范畴，REITs 成立后的上市流通则由证监会负责，需要两部门协调监管。

第三，REITs 的税负较高。运作 REITs 涉及多个交易环节，涉及的税种众多，比如个人所得税、企业所得税、土地增值税、城镇土地使用税、城市房地产税、契税、印花税等等。在 REITs 税负较高的情况下，收益率很难保证。

2021 年 5 月 26 日，深交所首批公募 REITs 已陆续公布最终发行价格。深交所官网显示，中航首钢生物质封闭式基础设施证券投资基金和红土创新盐田港仓储物流封闭式基础设施证券投资基金已发布《基金份额发售公告》。因此，用足用好特区立法权，发展基础设施 REITs，为投资者提供优质投资标的，改善传统企业资产负债结构，从而减轻地方政府性债务负担，是深圳综合授权改革的重要实践。

（2）政策建议

第一，弥补法律空白，颁布《深圳经济特区基础设施领域不动产投资信托基金（REITs）条例》，细化基础设施资产、收益权转让规则。如上所述，目前我国尚缺乏具体的转让操作细则，来转让基础设施项目相关资产，比如特许经营权、不动产等等，交易过程无法可依，风险较大，阻碍基础设施 REITs 产品发展。建议深圳用足用好特区立法权，出台相关细则，对上位法中不适应 REITs 发展的条款进行变通，明确交易各方的权利义务，简化流程，提高交易过程的可操作性，预防法律风险。

第二，完善税收政策，减轻 REITs 税负。从国外成熟市场反馈来看，税收政策导向是 REITs 发展的重要推手。在所得税、土地增值税方面，建议参考其他国家的经验，借鉴公募基金份额与项目公司股权的转换机制，减少现金支付、减少税负，使原始权益人更愿意持有REITs。底层资产持有过程可能涉及增值税多重征收的情况，建议出台适度的增值税减免或抵扣政策。

第三，出台基础设施REITs估值指引。借鉴国外经验，REITs产品想要获得投资者的青睐、长期稳定运行，应当具备持续增长且稳定的估值水平。《相关工作通知》等法规和政策一定程度上规范了REITs产品的持续评估，但仍缺乏具有可操作性的操作细节。建议在财政部、证监会等部门的指导和监督下，由深圳先试先行，出台基础设施REITs估值操作指引，统一行业准则。

11. 探索完善知识产权和科技成果产权市场化定价和交易机制

清单内容："建立连接技术市场与资本市场的全国性综合服务平台，为科技成果交易、转移转化提供一站式服务。完善确权、登记和公示等基础功能，形成知识产权和科技成果产权市场化定价和交易机制，优化科技成果信息管理、检索和分析。"

（1）事项内容与问题分析

目前，深圳科技成果产权市场化定价和交易最大的堵点在于科技成果的资产评估问题。

一方面，事业单位的科技成果转化机制有优化，但仍未根本解决问题。财政部2019年3月修正的《事业单位国有资产管理暂行办法》新增加了第四十条："国家设立的研究开发机构、高等院校将其持有的科技成果转让、许可或者作价投资给非国有全资企业的，由单位自主决定是否进行资产评估。"根据上述规定，高等院校科技成果转化时，单位有资产评估决定权，一定程度上解决了评估难的问题。此外，科技成果决策的不确定因素较多，决策风险高，为了避免上述事业单位领导决策时犹豫不决、错失良机，2020年8月发布的《深圳经济特区科技创新条例》中规定："高等院校、科研机构有关负责人履行勤勉尽职义务，严格执行决策、公示等管理制度，没有牟取非法利益或者恶意串通的，可以免予追究其在科技成果定价、自主决定资产评估以及职务科技成果赋权中的决策失误责任。”一定程度上解决了科研机构领导人员决策时的后顾之忧。但是转化后，科技成果价值可能发生变化，尤其是成交价格较低的科研成果，有较大概率会发生增值，因此实践中上述事业单位在决定是否进行资产评估时面临困难，缺乏可以量化的、具有可操作性的标准和规则。有的单位出于审慎考虑，除了普通许可，对所有转化方式均要求进行资产评估，程序烦琐、时间成本高，有时甚至面临没有评估机构愿意接受小额标评估的困境。

另一方面，高等院校、科研机构等事业单位，以及国有企业，进行科技成果转化定价依据政策存在差异。高等院校、科研机构等事业单位进行科技成果转让，有利于激发国有科研机构和高校的创新活力，创造更高的价值，可由单位自行决定资产评估是否必要；而国有企业进行科技成果转让，必须讲究保值，防止国有资产流失、避免侵占国有资产，因此必须评估。但是，详细的、具有可操作性的科技成果转化标准与统一的定价机制尚未形成，对深圳高等院校、科研机构以及国有企业的科技成果转化带来了障碍。

（2）政策建议

第一，取消高等院校、科研机构科技成果转化资产评估和备案程序。2019 年 8 月科技部、教育部、发改委等六部门印发的《关于扩大高校和科研院所科研相关自主权的若干意见的通知》在改革科技成果管理制度时规定：“修订完善国有资产评估管理方面的法律法规，取消职务科技成果资产评估、备案管理程序。”2019 年 9 月财政部《关于进一步加大授权力度促进科技成果转化的通知》支持改革创新，提出“鼓励地方开拓创新，探索符合科技成果国有资产特点的管理模式，充分发挥国有资产在科技成果转移转化中的支撑作用，支持地方促进科技成果转移转化”。由此可知，国家鼓励地方探索创新、优化科研管理机制、鼓励科技成果转化，为资产评估和结果备案提供了政策支撑。因此建议深圳出台专门条例，规定除涉及国家秘密与安全外，高等院校、科研机构在深圳技术交易场所进行科技成果转化时，通过拍卖、挂牌交易确定转化价格的，可以免去资产评估和结果备案。通过公开市场定价，简化科技成果转化程序，降低成本，加速科技成果转化为生产力。针对国有企业，建议深圳制定专门条款，科技成果与企业的一般资产不同，不应将保值增值作为转化的价格底线。

第二，探索创新。提出科学、准确、客观、可操作的科技成果定价办法。根据《资产评估基本准则》第十六条、《资产评估执业准则——无形资产》第二十一条、《知识产权资产评估指南》第二十三条、《专利资产评估指导意见》第二十六条，“确立无形资产 / 知识产权 / 专利资产价值的评估方法包括市场法、收益法和成本法三种基本方法及其衍生方法。”根据上述规定，三种基本办法的衍生方法可以作为价值评估依据，弥补了传统三种基本办法的瑕疵。深圳应积极运用互联网、大数据、模型法等工具，优化科技成果定价方法。

第三，完善立法、健全执法，争取中央制度保障。总结深圳先行先试经验，配合中央持续完善知识产权法律法规，以及竞争法、国家安全法律法规中知识产权的相关规定，弥补知识产权证券化的法律空白。同时，根据《深圳建设中国特色社会主义先行示范区综合改革试点实施方案（2020–2025 年）》，以《公司法》《证券法》为基础，探索深圳特区知识产权金融领域立法。

12. 分类分步放开通信行业

清单内容：

1）安全有序放开基础电信业务。加快放开增值电信业务，逐步取消外资股比等限制。赋予深圳外商投资电信企业的审批权限。

2）支持深圳在本地运营商建立预警、监测、分析、处置平台。

（1）事项内容与问题分析

按照 2001 年加入 WTO 时的承诺，我国电信业逐步开放国内电信市场，尤其是近些年，我国持续吸引外资，推进电信领域业务开放，促进市场发展。然而，加快开放步伐不意味着没有问题，电信业务分为基础电信业务与增值电信业务，基础电信业务分为第一类与第二类，增值电信业务分为第一类第二类。《外商投资准入特别管理措施（负面清单）（2020 年版）》第十六条规定：“电信公司：限于中国入世承诺开放的电信业务，增值电信业务的外资股比不超过 50%（电子商务、国内多方通信、存储转发类、呼叫中心除外），基础电信业务须由中方控股。”受限于上述规定，我国电信业开放陷入困境。深圳要改革、要发展，必须进行开放，持续吸引外资投资，优化营商环境。

然而，信息时代的电信行业面临信息安全的挑战。2014 年，习近平总书记在主持召开中央国家安全委员会第一次会议时，首次提出坚持国家安全观，走出一条具有中国特色的国家安全道路，并首次系统提出信息安全在内的“11 种安全”。2016 年，为了保障网络安全，《网络安全法》出台，为我国建立健全网络安全管理制度提供了法律依据，有利于加强关键信息基础设施的安全保障，维护国家和社会公共利益。

从电信行业开放现状来看，第二类的平台类增值电信业务开放较早、开放程度较高，甚至完全放开比例，风险较小；第一类增值电信业务则涉及基础设施类，开放较晚，开放程度也较小，尤其是内网分发网络业务、互联网数据中心等信息量较大的业务，为了保障信息安全，开放程度更小，仅仅对港澳资本开放 50%。因此，深圳必须谨慎设计制度规则，做到推进电信行业开放的同时，保障网络安全与信息安全。

（2）政策建议

第一，总结并借鉴上海自由贸易试验区的经验。2013 年正式成立的上海自由贸易试验区是我国首个国家级自由贸易试验区，在我国促进贸易和投资便利化、推进改革开放的过程中发挥了重要的作用。同时，上海自由贸易试验区经过多年的改革，提供了一批可供复制推广的成功经验，比如存储转发类国内多方通信服务、电子商务、呼叫中心等等。因此，深圳应总结上海自由贸易试验区的试点开放政策的经验，推进电信业务开放试点，加强事中事后监管，有序地展开工作。

第二，建立健全深圳特区通信行业开放的相关法律法规体系。目前我国《电信法》尚未出台，电信领域仅有国务院 2016 年修订的《电信条例》

和《外商投资电信企业管理规定》两项行政法规，层级较低，且很多内容已经不合时宜，阻碍电信行业对外开放的步伐。深圳可通过特区立法，先行先试出台《深圳特区电信条例》，为电信业开放和监管提供充足的法律依据，维护国家安全和公共利益。同时，依托互联网、大数据等新型技术手段，创新监管方式，加强事中事后监管，提升企业合法合规的经营意识与电信开放的安全系数。

13. 推进大数据平台及相关机制建设

清单内容："支持建设粤港澳大湾区大数据中心，研究论证设立数据交易市场或依托现有交易场所开展数据交易。"

（1）事项内容与问题分析

完善数据要素的市场化配置，有利于发展生产要素市场，实现产业结构升级，促进经济快速发展。2018 年 5 月，欧盟出台《通用数据保护条例》（General Data Protection Regulation，简称"GDPR"），界定了数据产权的概念，赋予了数据主体"被遗忘权""拒绝权""可携带权"在内的七项权利，在数据管理模式上，提供了良好的、可供借鉴的经验，被世界多个国家和地区认可和采纳。数据要素法律方面，2016 年 11 月我国发布了《网络安全法》，用以维护网络安全；2019 年 11 月，国家互联网信息办公室等四部门联合发布了《App 违法违规收集使用个人信息行为认定方法》，用以保护公民个人信息；2021 年 6 月，《数据安全法》通过，用以规范数据处理活动，保障数据安全。然而，上述规定并不能解决我国大数据发展过程中的全部问题，个人信息保护、数据规范使用、数据要素市场化、交易安全等问题仍然需要得到重视，建立健全数据要素市场化法律体系，对我国大数据市场的发展至关重要。

2021 年 7 月《深圳经济特区数据条例》（以下简称"《数据条例》"）发布，作为深圳落实综合改革试点的重要成果，以及我国数据领域第一部基础性、综合性立法，《数据条例》对个人数据、公共数据、数据要素市场、数据安全管理与监督等方面进行了相对详细的规定，对 App 要求全面授权才可使用，大数据杀熟、个性化广告等可能侵犯公民个人信息安全的行为进行了严厉的监管。明确提出，个人数据处理规则以“告知—同意”为前提，用户有权拒绝被推荐和被画像，“人脸识别”不能强制使用，公共数据应当最大限度免费开放等内容。《数据条例》第四章对“数据要素市场”进行了详细规定，其中第56条规定：“市人民政府应当统筹规划，加快培育数据要素市场，推动构建数据收集、加工、共享、开放、交易、应用等数据要素市场体系，促进数据资源有序、高效流动与利用。”《数据条例》对引导数据要素市场规范化发展，促进数据要素有效配置，保障数据安全具有重要作用。

（2）政策建议

第一，完善数据要素市场体系，引导数据交易规范化发展。首先，建立健全数据交易流通管理体系，促进数据要素开放流通，规范数据交易行为，优化数据交易市场，明确不同类型数据共享、流通、交易的条件、方式，避免数据要素开放对个人隐私、商业秘密、国家安全造成损害，维护数据要素市场秩序。其次，加强对数据流通的监管技术，强化数据访问、数据溯源、数据脱敏，同时保障数据安全，增强访问限制、电子认证、数据加密等等。再次，统一数据价值评估标准以及定价规则，使得数据交易更加公开、透明，促进数据价值货币化、市场化、金融化，使数据要素能够交易、投融资，实现数据价值的优化配置。最后建议深圳用足用好特区立法权，出台数据交易相关政策，引导市场主体及行业协会行为，激发主观能动性，引导市场主体自律管理，形成行业标准，更好地配合数据要素法律体系落地。

第二，建立健全数据要素监督管理体系。鼓励和支持数据开发和数据创新，尝试大数据在新基建、物流运输等行业的探索和应用，用大数据创新经济发展方式。首先，建立健全数据监管法律体系，界定个人数据、企业数据和政务数据，统筹线上和线下数据，对数据开发、流通、安全管理、资产化等方面进行统一监管。其次，搭建高效集中的风险评估预警平台，建立应急处置机制保障数据安全，强化数据安全相关技术研发。最后，搭建全面统一的网络安全管理网络，联合市场监督管理部门和反垄断监管部门，对数据滥用、欺诈、垄断和各种不正当竞争行为进行严厉打击，保障数据市场良性发展、快速发展。

第三，在深港科技创新合作区探索建设城市大脑·“全球数据港”互联设施体系。提升深港科技创新特别合作区深圳园区内宽带接入能力、网络服务质量和应用水平，构建安全便利的国际互联网数据专用通道；支持在深圳园区内建设国际数据专用通道，在合作区内探索建设国际通信出入口局、安全中心等国际信息通信设施和保障中心，实现特定数据资源跨境、跨区融合互通，打造粤港澳大湾区数据资源集散和流转地；支持在围网区域内，探索建立安全可控、开放透明的跨境数据流动监管体系，探索围网区域内，在确保可管可控前提下，提供国际化的互联网环境，对互联网违法犯罪采取日常监测、事后惩处机制。

14. 深化国资国企综合改革

清单内容：

1）支持深圳开展区域性国资国企综合改革试验，赋予更大改革自主权，鼓励结合实际推行更为灵活、更具创新性的改革举措。

2）支持完善区别于党政领导干部、符合市场经济规律和企业家成长规律的国有企业领导人员管理机制，探索与企业市场地位和业绩贡献相匹配、与考核结果紧密挂钩、增量业绩决定增量激励的薪酬分配和长效激励约束机制。

（1）事项内容与问题分析

伴随着相关法律制度的逐步完善，国有企业建立现代企业制度的进程也在不断地推进，《公司法》（2005 年修订）、《全民所有制工业企业法》（2009 年修订）以及《企业国有资产法》（2009 年修订）等相关法律明确了国有企业具有独立的法人人格，享有独立的财产权，并以其享有的财产权独立承担相应的民事责任。但同时，法律还赋予国资委国有企业出资人相应的职责。国资委作为国有资产的监管部门同时又是国有企业的股东，国资委的双重身份导致国资委在行使权力时可能存在界限不清，身份不明的现象。一定程度上导致国资委的监管责任的缺位、缺失，国有企业进行国有资产转移时缺乏有效的监督管理机制，同时也无法确保国资委行使好股东的权利。

为贯彻落实党中央、国务院关于“放管服”改革的精神，2020 年 10 月，市国资委研究出台了《深圳市国资委授权放权清单（2020年版）》（深国资委〔2020〕120 号，以下简称《授放权清单》），其中，对企业产权管理进行了相应授权放权，并于 2021 年对《深圳市属企业国有产权变动监管办法》（深国资委〔2017〕78 号，以下简称 78 号文）等相关产权管理制度进行了相应修改。

因此，基于《中共中央、国务院关于深化国有企业改革的指导意见》（以下简称《指导意见》）、《国务院关于国有企业发展混合所有制经济的意见》《国务院办公厅关于进一步完善国有企业法人治理结构的指导意见》等国企改革政策文件，深圳应贯彻落实《深圳市区域性国资国企综合改革试验实施方案》，进一步完善我市国有资产监督管理体制，从逐步实现国有企业分类改革、发展混合所有制、健全国有企业现代化治理制度、加强监督在国有资产管理中的作用、强化党对国有企业的领导等方面，不断在新时期赋予国有企业改革新的内容。

（2）政策建议

由深圳市国资委牵头，完善即将出台的《深圳经济特区企业国有资产监督管理条例（征求意见稿）》，并根据条例制定因地制宜的国有企业改革的配套实施细则。

一是差异化定位国有企业功能并合理确定国有资本比例。《指导意见》根据国有企业在发展方向、战略定位及功能等方面的差异对国有企业进行创新性的再次分类，该分类将国有企业划分为商业一类、商业二类及公益类。商业一类国有企业经营领域通常处于充分竞争的市场化状态，非国有资本亦可达到充足的市场供应量。商业二类国有企业经营领域关乎国家安全与战略。公益类国有企业的经营领域主要为服务民生、为公共服务和产品提供供给。在上述分类的基础上，深圳可结合国家及区域的特色及产业政策制定相应的细则，确定国有资本在不同类别的国企中的占比。商业一类国有企业国有资本应尽量采取国有参股的股权模式，充分发挥非国有资本的力量与优势，促进国有企业的转型。商业二类和公益类国有企业因涉及国家安全和民生服务，应采取国有控股或国有独资的方式，保证国有资本的在上述领域的企业领导力及控制力，充分发挥国有资本的带动和引领作用。

二是完善国有资本出资模式，实现国资委的“双重身份分离”。改变国资委既是监管者又是所有者的现状，推进国有资本投资运营公司设立。改变国资委直接持有国有企业股权的现状，转变为由国有资本投资运营公司直接持股国有企业股权，国资委间接持股的出资模式。从而有效在国资委与国有企业、政府与市场之间设立了隔离机制但又存在着连接纽带，从而真正实现政企分离。同时应出台相关配套细则，明确国资委与国有资本投资运营公司的责任边界，有效实现国资委的“双重身份分离”，使国有企业原有的双重身份导致的监管缺失、道德风险等问题得到有效解决。

三是建立股东会、董事会和党委会“三会”相互沟通协商且具有制衡性的具有国有企业特色的治理机制。《公司法》第十九条规定：“在公司中，根据中国共产党章程的规定，设立中国共产党的组织，开展党的活动。公司应当为党组织的活动提供必要条件。”该法律条款为公司治理应遵从党的领导提供法律层面上的依据。坚持党的领导是国有企业应遵循的基本原则，国有企业应当将党组织融入企业的治理机制当中，保障党组织对企业重大决策的监督作用。可从以下几个方面实现“三会”充分协商且具有制衡性的国有企业特色治理机制。一、设立董事会与党委会的交叉任职机制。党委会推荐符合要求的党组织成员进入董事会，使董事会中有适当比例的党组织成员，畅通董事会和党委会的沟通渠道。二、建立党委会对“三重一大”事项的先行研究机制。混合所有制改革企业需在明确董事会与党委会权责界限的同时，“三重一大”事项需经党委会先行讨论并研究通过后再由董事会审议，充分体现了党组织的领导。三、建议引入股东会议事规则的特殊议事机制，对于可能影响到中小股东利益的重大交易事项，赋予中小股东联合否决权，对国有企业大股东形成有效的制衡机制，促进国有企业作出正确且有效的决策。

四是完善国有企业管理者及员工的任免及激励制度。首先，国有企业需改变目前董事长由上级部门指定任免的现状，取而代之的应是从市场上公开遴选综合素质过硬的企业管理者，打破目前国有企业管理者的固有思维，注入新鲜的知识结构，带领国有企业迸发新的活力。同时完善管理人员的容错机制和激励机制，给管理人员带领国有企业创新创业提供保障与支持。其次，完善企业员工的激励机制，建立员工持股制度。满足激励条件的企业员工成立持股平台（独立的法人），通过持股平台持有公司的一部分产权，从而获得公司决策的表决权和分红权，有效实现企业利益与员工利益相统一，激励员工充分发挥自身优势促进企业成长并参与企业的管理。但是针对不同类型的国有企业，需差异化确定员工的持股比例。对于发展前景乐观、高度依赖员工技术的高新技术企业，可以优先推行员工持股及适当提高员工持股比例，发挥员工优势促进企业发展。对于发展前景差，效益低的国有企业应慎重实施员工持股计划，避免市场风险带来企业和员工的利益双重损失，应采取稳步推进国有企业改革的态度。

五是完善国有资本进入和退出机制有效防止国有资产流失。规范国有资本的流转程序包括但不限于完善国有资产登记、评估、审计、定价等机制。在国有资产流转过程中，评估定价等关键环节应邀请纪检监察部门和独立的第三方中介机构介入，强化对定价环节监督，在公平公开公正原则的基础上准确判断国有资本价值。同时尊重市场自然的优胜劣汰规律，在未能通过市场检验的领域，依法合规地实现国有资本的退出。通过产权交易中心等公开市场，以公开化、市场化的交易实现国有资本在部分需要退出或者有意向退出的领域实现依法合规退出，优化国有资本市场布局的同时有效防止国有资产流失。

六是为国有资本优先权制度提供法律保障。优先权是法律基于某种特殊考虑，在某些领域为了保障该种权利优先于其他权利得以实现，而创立的一种制度，起源于罗马法。如建设工程价款优先受偿权、破产程序中职工工资的第一顺位清偿权、船舶优先权等体现了国家为寻求一种内在公平而对某些弱势群体实行了优先保护。从某种角度上说，国有资本实质上即全体人民所有，因此深圳应用好经济特区立法权设立国有资本优先权，为混合所有制企业中，国有资本退出市场提供法律层面的保障，有效防止国有资产流失，维护全体人民及国家的根本利益。

七是优化企业治理结构，营造公平竞争的市场环境。优化企业治理环境与营造公平的市场环境，将有效促进现代企业经营机制和治理结构的确立。建议在国有资产分类管理的基础上，结合近年来总结的相关数据资源信息完善考核指标和遴选关键内容，做好对国有资产授权经营管理团队和产权代表的考核。改变目前“国有企业”的概念，取而代之的是“国有资本出资企业”，同时依据科学的现代化企业治理原则制定相应的议事规则。充分发挥独立经营法人的优势，为国有企业管理人员展现才能提供空间。同时建议，通过出台细则或立法，对国有资本出资企业、国有资本配置等相关概念加以明确。

（二）营商环境方面

1. 创新国际性产业与标准组织管理制度

清单内容：对于住所设在深圳的国际性产业与标准组织，申请成立登记时，简化注册流程，缩短注册时间，同时建立综合监管机制，加强监管。

（1）事项内容与问题分析

标准化建设与产业的发展密不可分，是一国产业在国际上占领主导地位的重要手段。以超材料为例，深圳光启在过去十多年的时间里，通过标准领域的不断积累，逐步构建起技术专利壁垒，并最终形成全球专利占比85% 的领先地位，实现大规模的超材料量产与高精尖应用，成功突破欧美发达国家在该领域的技术封锁。而以华为、中集、迈瑞、普联技术、海普瑞、海能达、研祥智能、大族激光、瑞声科技等企业为代表的中国科技公司正在深耕全球市场，与欧美科技巨头正面对战，各种技术体系与标准成为这些民族企业“征战沙场”的重要支撑。在政府层面，深圳也一直非常重视标准国际化建设，将标准化工作纳入 20 余家市政府部门职责，并于 2019 年成为中国首个标准国际化创新城市，全市企事业单位累计研制国际国内标准近 7000 项，引入 76 家国际国内标准化组织机构。在综合授权改革的重大历史时期，深圳必须进一步提高国际标准化研制水平，打造引领全球治理与发展的深圳标准。

（2）政策建议

由深圳市民政局牵头，出台细则深化社会组织管理制度改革。社会组织是国际标准化工作的底座，在政府、企业与产业间能起到很好的桥梁与纽带作用。深圳必须深化社会组织管理制度改革，通过示范引领赋能社会组织来完善深圳标准化更新体系，通过明确的权利义务分配，共建社会与行业自治的氛围。重点在经贸科技合作领域，引入多样化的国际组织与标准机构，在产业标准与行业规则层面不断与国际接轨，打造深圳特色的、创新驱动的科技产业标准。同时，强化社会组织管理与发展的风险性监管，借助新一代信息技术，打造包容审慎、风险可控的数据业务全流程监管体制。

2. 开展破产制度改革试点

清单内容：

1）试行破产预重整制度，探索建立泛亚太地区破产重整中心。

2）允许探索跨境破产协作机制，完善财产处置配套制度。

3）探索政府有关部门与法院联动制度，建立信用修复机制。

4）率先试行自然人破产制度，支持制定深圳经济特区个人破产相关规定。

5）完善商事主体退出机制，创新企业注销制度。

（1）事项内容与问题分析

高效运行的市场经济需要配套精密健全的破产法体系，遗憾的是，虽然我国的破产法体系与破产环境在过去10年里得到了极大的改善，但许多改革探索与国际通行的商事标准之间仍存在着许多看不见的鸿沟，导致世界银行在相关报告与规则体系中拒绝认可中国的破产规则体系。例如，我国于2019年颁布实施了《最高人民法院关于适用<中华人民共和国企业破产法>若干问题的规定（三）》，在重整程序指数层面进行较大改革，但这些努力并未获得世界银行的确认。再如，在2020年世界银行发布的《营商环境报告》中，我国营商环境排名在全球跃升至第31位，但办理破产指标却在190个经济体中排名第51位，且近5年该指标的分数在世界第50名至第60名之间裹足不前，破产环境难以匹配营商环境的发展。其中，“办理破产”子指标中的“破产时间”比上年退步2名，“破产成本”并无实质提高，“回收率”单项排名也仅前进1名。因此，我们可以得出结论，我国的破产环境相对于营商环境的改善而言，出现了明显的滞后，阻碍了市场经济的进一步发展。

2021年3月1日，深圳用三件大事为我国个人破产制度破冰，仅用4个多月的时间就将相关改革举措在深圳高质量落地实施。一是我国首部个人破产法规——《深圳经济特区个人破产条例》（以下简称《个人破产条例》）正式实施，深圳的市场退出机制也由此更加健全，最大限度地解除了创业者的后顾之忧。二是揭牌我国内地首家个人破产事务管理机构——深圳市破产事务管理署。三是我国首个“个人破产一体化平台”——“破茧”综合应用系统在深圳市中级人民法院正式上线。在此基础上，深圳应继续反思我国在打造良好的破产法治方面的不足，在行政审批优化、服务效率提升、监管方式创新等传统改革方向之外，对标世界银行标准，优化营商环境的办理破产指标，在跨境破产、关联企业破产、复杂主体破产、自然人破产等特殊领域先行先试，拓展和延伸破产制度的社会职能，实现破产指标的跨越式提升。

（2）政策建议

一是将提升破产企业的营运价值作为评估破产的重要指标，建立健全以保障企业继续运营为目标的相关法规制度。在国际上，营运价值是判断一个国家破产体系与破产环境的重要维度，那些能够在企业破产后通过制度的调节，将企业营运价值得到最大化保留的国家，通常在破产结果评价这一单项指标中能获得满分。司法实践中，我国也有以“山东淄博钜创纺织品有限公司破产重整案”为代表的破产企业通过破产程序将营运价值最大化保留的案例。营运价值的保障是深圳在立法与改革中，设计各种制度的关键，即通过资产组合价值的最大化挖掘以及企业持续运营的多维度保障来设计并完善破产制度的相关改革与立法进程，如将传统存续型重整制度与破产清算内容相结合的出售式重整，以及增加管理人对破产财产进行积极增值管理的必要义务等制度设计。深圳可重点在资产专用性较强或资质较为特殊的企业与行业进行发力，试点破产制度相关的立法、司法与执法创新，最小化拆分带给企业的效益伤害。

二是实行双轨制，赋予破产管理人选任的自由。目前，学界普遍认为，我国现行破产法已成功实现由“债权人中心主义”向“管理人中心主义”的演变，破产管理人在法院的指挥和监督之下全面接管、处置和分配破产财产，在破产程序中起到核心作用。因此，在破产管理人制度体系建设中，不仅要强调专业技能、职业经历以及信誉口碑等硬性指标，也必须在多样化与细分化层面不断丰富人才结构，保障实务中不同案件能够匹配到对应的特殊专业人才。《全国法院破产审判工作会议纪要》提出要完善破产管理人队伍结构、探索管理人跨区域执业、实行管理人分级管理、建立竞争选定管理人工作机制等措施，来提升管理人职业素养和执业能力，却未能在管理人选任方式等方面有所突破。深圳应通过特区立法，加大管理人选任的自由度，在不同案件中，赋予债权人委员会根据情况自主选择管理人的自主权，并采取双轨制，即法院指定以及债权人会议重新选任相结合的模式，保障效率与公平的平衡，彰显司法的自治精神。

三是严格信息披露制度，提高债务人财务信息披露的持续性。根据国际通行的破产规则，债务人财务信息披露义务不仅仅只体现在程序启动时，而应持续贯穿于整个破产程序（如联合国国际贸易法委员会《破产法立法指南》等）。目前我国《企业破产法》在债务人义务、管理人职责等维度仍缺失债务人财务信息持续披露的相关规定，造成立法空白。深圳应通过特区立法进行补充，明确债务人向法院、债权人等主体真实、准确、持续、完整地披露相关信息的义务，并配套相关信息披露的规则与程序安排，保障债务人的商业秘密不受侵犯；在重整计划草案起草期间，设立明确规则保障债权人可以参与并及时获取信息，从而促成债权人与债务人及时达成合意，推动破产程序的顺利进行，避免债权人在表决权或否决权行使之时，方才获取到某些关键信息而无法达成合意，从而导致重整失败。

3. 开展新型知识产权法律保护试点

清单内容：

1）实施新型知识产权法律保护制度，完善互联网信息等数字知识产权财产权益保护和公平竞争制度。

2）建立惩罚性赔偿制度，先行探索依法降低商业秘密侵权行为刑事立案门槛。

3）依法降低行政执法打击侵犯商业秘密行为的证据要求。引入证据披露、证据妨碍排除和优势证据规则，推进区块链技术在审判中的广泛应用，设立技术调查官，归纳明确“恶意”情形，将“情节严重”视作确定惩罚性赔偿金倍数的依据，赔偿数额充分反映知识产权市场价值。

（1）事项内容与问题分析

本条事项主要通过司法实践落实。

一方面，《深圳经济特区数据条例》率先对数据进行财产权确权，可继续在司法实践中通过解释和扩张来平衡人格权益和财产权益的保护。对个人数据保护的人格权赋权在域内外法治实践中已有基础，但解决个人数据商业化利用的关键在于个人数据财产权益的确认。目前，我国并未在数据财产权的法理基础上达成共识，如果贸然在此基础之上创设数据排他权，会产生较大的消极影响。而新技术的发展日新月异，在不久的将来可能会出现更多新的数据采集、存储、处理与传输方式，从而影响数据财产确权的内容。因此，深圳通过特区立法率先明确数据的人格权益和财产权益，既强化了个人数据保护，比如通过三大措施高标准全方位防止数据滥用，也平衡了数据商业化利用的产业发展需求，加快了数据要素市场的培育。法律的稳定性是法治建设的重要目标之一，数据财产确权需要在实践中不断完善，因此，在目前的条件下，通过司法解释或者扩充来弥补具体的法益纠纷与两种权利的平衡实践，是一种较为稳妥的选择。

另一方面，惩罚性赔偿制度需要通过司法实践来统一标准。由于惩罚性赔偿在我国商业秘密领域属于“新兴事物”，而法律层面缺乏适用惩罚性赔偿条件的统一标准，如“主观故意”这一主观要件与“情节严重”这一客观要件的综合考量还存在较大的自由裁量空间，导致实际的司法审判活动中已经出现的同案不同判的情况。例如，我国《反不正当竞争法》规定的商业秘密违法行为与《刑法》中侵犯商业秘密罪具体行为相同，但触发条件不同，关键在于是否达到“情节严重”的标准，虽然实践中可参考最高检和公安部联合制定的《关于经济犯罪案件追诉标准的规定》中的认定标准，但实操中仍然存在一定的难度，需要在司法实践中不断完善，如损失数额计算与举证的完善等等，从而有效制裁侵害商业秘密的行为人。

（2）政策建议

深圳市中级人民法院积极推进授权清单事项的落地落实，已于 2020 年 12 月出台了《关于知识产权民事侵权纠纷适用惩罚性赔偿的指导意见》，对于打击并有效遏制知识产权民事领域的重复侵权、恶意侵权以及其他严重侵权行为有重要的指引作用，是惩罚性赔偿制度在司法实践中的重要延伸，是创新司法服务保障先行示范区建设的重要尝试，为加快构建多元精细、公正高效的审判制度体系提供深圳范本。

4. 创新编制管理方式

清单内容：

1）中央和国家机关为支持深圳建设中国特色社会主义先行示范区，可以安排干部到深圳挂职，从实安排职务，明确职责分工，确保真挂实干，并按规定程序办理挂职备案手续。

2）允许深圳探索激励干部担当作为的薪酬体制改革。

3）支持深圳按照协同高效原则不断优化组织机构，形成高效率组织体系。

4）支持深圳积极探索统筹使用各类编制资源。

（1）事项内容与问题分析

党的十九大报告指出，为适应新时代中国特色社会主义现代化，要进一步深化机构和行政体制改革。特别是要“统筹考虑各类机构设置，科学配置党政部门及内设机构权力、明确职责。”与此同时，“统筹使用各类编制资源，形成科学合理的管理体制，完善国家机构组织法。”以上对编制资源的创新使用方式，即“两个统筹”机制，为新时期下中国机构与行政体制改革提供重要指导。党的十九届三中全会作出深化党和国家机构改革的重大政治决策，并在改革中全面落实“两个统筹”的总体规划和各项制度安排，但在统筹利用各类编制资源方面还未取得实质性进展。《中共中央关于深化党和国家机构改革的决定》中进一步提出，“强化党对机构编制工作的集中统一领导，统筹使用各类编制资源，加大部门间、地区间编制统筹调配力度，满足党和国家事业发展需要”。党的十九届四中全会提出，严格机构编制管理，统筹利用行政管理资源，节约行政成本。但实践中，编制资源的统筹使用受各种政策和制度因素的制约较大，单纯的阶段性改革难以撼动原有的路径依赖，亟须进行全面的制度性安排。深圳作为经济特区，政府部门面临典型的“小马拉大车”难题，雇佣的基层编外人员规模越来越大，创新编制管理方式的需求十分迫切。建议深圳以特区机构编制管理条例等顶层设计为基础，变通部门规章和规范性文件中涉及“条块”干预的条款，构建与当前经济发展实际需求相匹配的编制资源配置体系。

（2）政策建议

从编制分类的角度深化改革，有以下两种思路，其中，第二种思路与现行的机构编制法律法规冲突，必须充分运用特区立法权，在得到中央充分授权的前提下进行立法变通。

第一种方式是在目前编制类型的框架内进行统筹，改革成本较低。该思路可以通过两步走的方式在实践中得到落实：首先，针对目前政法系统内部编制资源分配不均的问题，构建统一的编制资源池，打破公检法之间跨系统与跨层级调配的壁垒。同时，原有监狱外的司法行政与机关后勤人员等编制不再列入政法专项编制规划，而是纳入一般行政编制进行统一管理。其次，对行政编制进行统筹管理，内部不再进行政法专项或其他专项的垂直细分，对事业编制进行跨地域、跨层级、跨部门与跨领域的统筹调度，基于总量而非身份进行管理。

第二种方式是对编制类型进行全面改革，实施大编制下的行政编与事业编统筹管理。这种大编制改革，目前更适合乡镇与街道层面的编制统筹，因为乡镇与街道作为最基层一级的行政单位，行政事务较为琐碎，要求工作细致，落实到位，工作人员通常身兼多职，且多为事务性工作职能，专业性需求较低，在编制类型的突破上阻力较小。以街道为例，通过大编制改革，能够有效调动社区工作人员的积极性，动员更多的基层力量参与服务。至于街道以上层面的行政机构，虽然改革阻力较大，但仍存在着行政职能事业单位大编制改革的机会，中央亦为此类行政事业编制置换预留了少量的政策空间。深圳如果要先行先试大编制改革，必须坚持化繁为简的原则，在顶层设计上对编制种类简化，在具体方案上突破不同编制类型跨部门与跨层级调配使用的壁垒，在不增加编制总量的情况下最大化编制资源的配置效率，在不增加财政负担的情况下提高编制资源的人力效能。

需要注意的是，第二种改革方式不仅存在较大改革阻力，还需要在中央充分授权的前提下，利用特区立法权进行变通方可推进。同时，我们也应当预见到这种大编制改革会对传统的行政与事业二元编制体系造成根本性的改革，不可避免地出现改革阵痛，如编制置换的部门利益冲突、编制总量短期增加的财政压力等等，并面临各种人事与工资福利制度配套的改革难题，解决这些问题需要的不仅是改革的决心，更是改革的智慧。考虑到目前街道一级已实质上大编制化，因此，建议深圳从基层街道开始进行试点，逐步积累经验后，再以区级行政单位作为试点展开进一步的方案优化，自下而上不断增加基层政府的用人自主权，逐步扩大编制统筹的空间。

5. 支持深圳开展行政复议体制改革

清单内容：县级以上一级地方政府只保留一个行政复议机关，由本级政府统一行使行政复议职责。

（1）事项内容与问题分析

行政复议法实施 20 多年来，暴露出了不少机制体制问题。例如，行政复议机关的设置较为复杂，导致出现申请人复议无门的现象；案件处理的人力资源配置与案件数量存在结构性不匹配，导致出现人手不足的现象；办案标准未能形成统一的标准，导致出现同案不同判的现象；行政机关自我审查纠错难，导致出现官官相护的现象，影响行政复议公正性的事件时有发生。为此，党中央、国务院均作出了行政复议改革的重大决策部署，明确指导思想与基本原则，以试点的方式有序推进地方政府行政复议体制改革，最终形成了三种主要的试点模式，分别为："主推建立行政复议委员会制度"的黑龙江模式、"整合行政复议职责、建立行政复议局"的浙江模式、"一级政府只设立一个行政复议机构"的山东模式以及"因地制宜，深入集中行政复议权改革"的汕头模式。深圳试点可充分借鉴山东的成功经验，贯彻落实《中央全面依法治国委员会关于印发〈行政复议体制改革方案〉的通知》精神，继续深入试点"一级政府只设立一个行政复议机构"的行政复议模式，由本级政府统一行使行政复议职责，政府各部门不再行使行政复议职责。

（2）政策建议

出台整合行政复议职责的政策法规。在司法部的指导下，出台相关的改革方案，加强行政复议规范化建设，着力破解制约复议工作的各种机制体制问题，尤其对于严重影响行政复议公信力的“同案不同判”“官官相护”等问题进行重点关注与处理。明确除了实行垂直领导的行政机关以及国家安全机关之外，如海关、金融、国税、外汇管理等行政机关之外，全市县级以上政府按照“一级政府只设立一个行政复议机关”的要求，由本级政府集中行使行政复议职责，统一管辖本级政府派出机关、政府部门及其派出机构、下一级政府以及有关法律、法规授权的组织为被申请人的行政复议案件，并以本级政府的名义作出行政复议决定。同时，及时提炼总结深圳推进行政复议体制改革工作中的创新实践和经验做法，协助加快行政复议法修订进度，确保改革于法有据。

6. 支持深圳开展行政诉讼体制改革

清单内容：部分县级政府为被告的行政案件，由基层法院集中管辖。

（1）事项内容与问题分析

2017 修改的《行政诉讼法》第十五条第一项规定：对国务院部门或者县级以上地方人民政府为被告的行政诉讼案件的管辖权归中级人民法院。该条的修改主要针对以区县政府和市级政府为被告的一审行政案件管辖问题，因为在此类案件中，作为被告的县市级政府负责人的行政级别高于区县法院负责人，区县法院在处理此类案件时顾虑较多，审判结果的公正性也常常受到质疑，出现了基层法院审理不了县政府的窘迫局面，故对之提级管辖。这一新的级别管辖制度只照顾到了“县法院不能审理县政府”的问题，却有悖于方便原告诉讼的原则，“顾此失彼”。况且中级人民法院管辖县级政府为被告的行政案件必将增大其审判工作的压力，在原有审判庭人员规模不变的情况下，增加了审判一线法官的工作强度，造成法官力不从心的非正常现象。因此，深圳变通新修改的《行政诉讼法》第十五条，试点部分县级政府为被告的行政案件由基层法院集中管辖，是弥补新的级别管辖制度不足的重要尝试。

（2）政策建议

变通新修改的《行政诉讼法》第十五条，通过特区立法，明确可以由基层法院集中管辖的县级政府为被告的行政案件类别，并出台相关的配套制度保障案件的公正性。

7. 支持深圳用好用足经济特区立法权

清单内容：扩宽深圳经济特区立法空间，赋予深圳在人工智能、无人驾驶、大数据、生物医药、医疗健康、信息服务、个人破产等领域的先行先试权，支持深圳充分利用经济特区立法权进行探索。支持深圳在无人机管理等领域先行先试，并制定相应配套措施。

（1）事项内容与问题分析

随着我国经济社会快速发展，各类新技术、新经济、新问题层出不穷，支持深圳扩宽经济特区立法空间，赋予深圳在人工智能、无人驾驶、大数据、生物医药、医疗健康、信息服务、个人破产等领域的先行先试权，将数据合规等新概念注入深圳法治工作的新思路，用渐进式变革探索弥合技术发展与监管滞后差距的新解法，用深圳范本在新时代推动国家治理体系和治理能力现代化。以无人机为例，一边是蓬勃发展的无人机市场，尤其是中国的消费级无人机产业已跻身世界一流，另一边是相对缺位的监管机制与实施细则，造成了违法行为认定难与监管制度执行难等问题。目前，我国虽已出台《民用无人机空中交通管理办法》等一系列监管规定，但由于缺乏清晰、详细的可操作性制度规范，在实践中难以落地，主要体现为没有具体的实施细则，如存在航拍为主的消费级无人机低空空域飞行行为规制边界不清等问题。

（2）政策建议

一是完善无人机监管法律框架，将无人机纳入国家空域体系。

在 2018 年《民用航空法》修改之前，我国的无人机管理制度体系一直在部门规章层面进行完善，缺乏法律高度的统筹管理。2018 年修订的

《民用航空法》不再囿于有人驾驶飞机的管理范畴，明确将无人驾驶的航空器也纳入监管，在第214条中“授权国务院、中央军事委员会对无人驾驶航空器作出特别规定。”深圳应利用综合授权改革的契机，以特区立法的形式就无人机监管这一重大改革事项进行专项立法，通过灵活、开放与立体的监管思路，以保障航空安全为首要原则，形成一套体系稳定、细则明晰的无人机监管框架，并完善相关的无人机登记、适航、运行管理、空域管理等配套制度安排。

二是加强监管的同时兼顾无人机产业发展利益。立法时要充分考量强监管下可能给产业带来的不利影响，力求在产业发展与有效监管之间取得平衡。当前，国家出台了一系列政策法规大力扶持无人机，尤其是民用无人机产业的发展，民航局发布的一系列监管文件亦进一步促进了无人机行业的合法化运行。需要指出的是，无人机行业步入强监管阶段是历史趋势，完善了无人机行业的运行体制机制，但目前的规则更侧重于强化管理，缺乏兼顾产业发展的同时实施有效监管的具体工作思路。深圳在进行专项立法时，可借鉴美国经验，采取“分类为先，特定豁免”的管理模式，如细化娱乐消费、农业植保、电力巡检等不同类别的无人机分类管理，实施特定豁免等制度安排，在提升监管效率的同时，兼顾无人机产业的发展与消费者的利益保护。

（三）科技创新体制方面

1. 探索完善大科学计划管理机制

清单内容：探索创新大科学计划的发起、组织、建设、运行、管理等机制。

（1）事项内容与问题分析

作为探索未知世界和解决重大全球性问题的重要手段之一的大科学计划，过去往往由发达国家主导，我国在这方面话语权较弱。改革开放以来，中国有重点地参与了人类基因组计划、国际热核聚变实验堆计划、平方公里阵列射电望远镜等一系列国际大科学计划和大科学工程。深圳作为首个国家创新型城市，必须通过大科学计划和工程来集聚力量，全力打造深圳新时代创新的科研新起点、技术新起点与产业新起点。

（2）政策建议

通过牵头组织或参与国际大科学计划和大科学工程的主要方式，围绕对接国家相关部署和要求，落实粤港澳大湾区一体化战略，以光明科学城作为试点，制定大科学计划的发起、组织、建设、运行、管理等具体的规则安排。利用金砖国家等现有合作机制，强化国际国内合作，扩大大科学装置的辐射范围，瞄准颠覆性技术与原创性科学成果进行攻关，加速释放大科学装置的磁极效应。

2. 优化科研机构技术转移机制

清单内容：推动高校、科研机构设立技术转移部门，将科技成果转化情况纳入分类考核评价体系。建立高校、科研院所和国有企业科技成果向社会公开机制。在探索赋予科研人员职务科技成果所有权或长期使用权、成果评价、收益分配等方面先行先试。探索政府资助项目科技成果专利权向发明人或设计人、中小企业的转让和利益分配机制。

（1）事项内容与问题分析

《科学技术进步法》所确立的“科技成果所有权与知识产权”两权模式是中国构建国家财政资助项目科技成果权属的基本制度框架，是中国科技创新政策本土化发展的经验总结，经历了“收权——放权——分权——有限分权”四个阶段（见下表）。两权模式对科技成果转化起到一定的推动作用，但就制度化体系化角度而言，科技成果所有权法律内涵不明和两权关系不清，造成了科技法与知识产权法的不协调，容易引发理解混乱和预期落空。探索建立赋予科研人员职务科技成果所有权或长期使用权的机制和模式，是激发科研人员创新热情，解决科技成果转化难题的必要抓手。但在实践中，仍然存在着权益不清或者赋权主体缺位的难题。2020 年

11 月 1 日实施的《深圳经济特区科技创新条例》规定："全部或者主要利用财政性资金取得职务科技成果的，高等院校、科研机构应当赋予科技成果完成人或者团队科技成果所有权或者长期使用权，但是可能损害国家安全或者重大社会公共利益的除外。"本条通过变通《进步法》第二十条第一款和完善科技成果法人财产化，调整科技成果权属制度实现科技政策的整合力。接下来，建议深圳出台《深圳经济特区技术转移条例》，通过特区立法优化科研机构技术转移机制，进一步落实赋权改革。

表 4　财政资助的科技成果赋权脉络

阶段	标志	特点	发展脉络
收权阶段（1949–1983 年）	《保障发明权和专利权暂行条例》	科技成果所有权归国家，项目承担者不享有知识产权	根据革命根据地时期的实践经验和计划经济模式的现实需求而产生
放权阶段（1984–1993 年）	《专利法》（1984）《国家科学技术委员会"八六三计划"科技成果管理暂行规定》	国家财政资助项目形成的科技成果所有权与知识产权归国家所有，经国家批准，项目承担者享有一定的使用权和处置权	对《暂行条例》和《发明奖励条例》进行了修正。在 1984 年《专利法》框架下，科技成果所有权和知识产权归国家，但允许项目承担者享有一定的使用权和处置权
分权阶段（1994–2006 年）	《国家高技术研究发展计划知识产权管理办法（试行）》	科技成果所有权由国家所有，项目承担者仅享有知识产权这一所有权中处置权的派生权利	在 1992 年修订《专利法》背景下，对 1989 年《暂行规定》进行修正，将知识产权赋予项目承担者，但科技成果所有权是知识产权的上位概念
有限分权阶段（2007 年至今）	《科学技术进步法》	项目承担者享有特定的知识产权，除此以外的科技成果所有权和知识产权归国家所有	修正《若干规定》所确立的权利归属模式，重新界定科技成果所有权的范围和项目承担者享有知识产权的具体类型
总结	协调科技成果所有权与知识产权之间的关系，成为政策演变的主基调，国家通过使项目承担者享有的知识产权更加清晰化和明确化，理顺政府与市场的关系。		

（2）政策建议

结合第 11 条与本条的事项分析，我们建议深圳从以下几方面完善科研机构技术转移机制，充分发挥创新高地的优势，促进科技成果转化。

一是修改《深圳经济特区技术转移条例》。建议除涉及国家秘密与国家安全的项目外，取消高校院所科技成果转化时必须通过公开市场定价的资产评估和结果备案要求，并变通现有高等教育法、创设校企合作研究促进条款。完善现有的职称评定体制，以技术转移作为科研成果评价的重要维度。这里需要说明的是，强调技术转移并不是要“重应用轻基础”，不以应用为目的的基础科学研究仍是强国之本。此外，可以借鉴域外经验，厘清并明确校企合作开展研究项目的技术成果转移的权利与义务，实施卡特尔豁免制度，鼓励高校、科研院所与企业对科技成果转移所产生的收益进行商业化分配，并配套相关的税收减免制度，提高技术转移在产学研合作中的积极性。引导社会组织通过出台倡议、组织培训、提供服务等方式帮助高校及科研院所的教师更好地平衡教学、科研与技术成果并转移这三者之间的关系，提高教师科技服务于社会与国家的使命感与责任感。

二是完善技术转移相关的风险防控体系。在现有技术合同法律制度基础上，通过修改《深圳经济特区技术转移条例》明确深圳市技术合同风险防控制度。第一，明确技术成果交易前的信息披露义务，确保相关知识产权以及技术使用的合法性。第二，鼓励实施技术转移试用制度，企业可与高校及科研院所签订技术授权试用合同，企业在试用期间按照合同约定支付相关费用后，便可获得技术商用权益。待试用期结束，企业认可该技术的商用价值，便可通过重新签订协议的方式，获得该技术的完整商用授权许可，从而在减少企业试错成本的同时，有效提高技术转移的效率。第三，在合同主要条款中明确风险责任的分配为合同应载事项，当出现无法克服的技术困难，致使研究失败或部分失败而无法履约时，可以合理分配风险，减少争议。第四，变通《民法典》第 875 条，倘若企业在取得高校或者科研院所的技术转让授权后，在后续的成果改进中，在没有高校或者科研院所参与的情况下，做出了较大的原创贡献，则改进后的技术成果才能归企业所有。最后，需要构建技术成果的动态评价机制，充分发挥“技术经理人”的中介与专业作用，并通过配套制度安排，保障科研人员及所在单位在企业中的期权激励权益。

三是细化大学技术成果转移的监管、调控条款。修改《深圳经济特区技术转移条例》，细化现有技术成果转移管理法规，加大规则引导与政策调控力度。第一，实施技术成果转移专款专用制度，设置扶持经费、专项补贴、采购经费、平台建设等不同类别，严格预算分类；第二，实施税收减免政策，对高校及科研院所转移技术成果以及企业引进技术成果所产生的收益给予税收减免，对技术经理人等新兴技术转移服务产业给予税收优惠，激励其技术成果转移、引进与服务的积极性；第三，实施技术转移贷款优惠制度，一方面，企业引进高校及科研院所的技术成果可享受多样化的金融支持与贷款优惠，扩大需求端的技术购买能力，另一方面，拓宽技术转移服务产业的融资渠道，加大金融扶持力度；第四，实施技术转移产业孵化计划，通过政策引导，将技术成果转移后有效商业化的产业纳入新兴产业范畴，将技术转移服务产业纳入主导型服务产业，增加各类资源对技术转移相关衍生产业的支持力度。

3. 完善金融支持科技创新的体制机制

清单内容：

1）鼓励深圳银行业金融机构在风险可控、商业可持续的前提下，与外部投资机构加强合作，积极探索多样化的科技金融服务模式。

2）支持深圳积极发展绿色金融与金融科技，申建绿色金融改革创新试验区。

3）支持构建绿色技术市场导向创新体系。

4）探索完善绿色金融组织体系、标准体系、信息化管理体系，推动金融科技和绿色金融融合发展。

（1）事项内容与问题分析

一方面，就科技金融而言，深圳起步早，技术创新、场景应用等能力处于领先位置，需要通过立法进行引导规制。金融科技是金融与科技的结合，是携带着强大科技基因的全新力量，带来了新的机遇与挑战。不过遗憾的是，国内出现了各种新技术应用增加金融合规风险的现象，P2P 平台集中爆雷事件在前几年频繁发生。一方面。由于我国的金融科技立法较为滞后，监管层面又习惯采取一刀切的方式，这导致金融科技的某些细分行业，要么处于野蛮生长的状态，要么面临全面被禁的窘境。另一方面。技术的进步加速了金融行业个人敏感信息的收集、处理与传输，个人数据的合规风险增大。因此，金融科技的合规化发展，要突出技术创新的核心，强化金融监管的属性，在不断夯实技术根基的同时，做好合规治理生态的构建，以法治为抓手，促进行业的良性发展。

另一方面，就绿色金融而言，深圳通过特区立法进行了绿色金融地方立法，本事项的绿色金融改革部分有法治依据。2020 年 11 月 5 日，深圳市出台的《深圳经济特区绿色金融条例》（自 2021 年 3 月 1 日起施行）。作为我国首部绿色金融法律法规，同时也是全球首部规范绿色金融的综合性法案，条例充分借鉴了国际前沿理论与法治经验，紧密围绕深圳建设中国特色社会主义先行示范区的新要求以及改革试验田的新实践，在立法上进行了一定的创新，在中国乃至国际绿色金融领域都有开创性建树，探索了一系列促进绿色产业发展的创新举措，为全国绿色金融法治化发展提供先行示范。《条例》中的各项规定已有充分的市场和机构基础，为本条的落地提供了法治支撑。

总之，金融科技与绿色金融的融合发展，是深圳建设全球金融科技中心和全球可持续金融中心的必然结果。二者的融合是金融科技贯彻绿色发展理念的必然要求，有助于提升金融科技的绿色化水平，真正将绿色发展的理念通过金融科技应用落实到金融业务各个环节中去；二者的融合也有助于依托人工智能、大数据、区块链、卫星遥感等一系列新技术，有针对性地解决绿色金融发展过程中所面临的一系列难点与痛点，如当前绿色金融面临环境外部性的内部化难度大、绿色金融活动和产品界定不清晰、绿色金融标准和认证体系不统一、环境风险分析和管理工具缺失等一系列全球共性难题；二者的融合也是国际金融科技和绿色金融发展的前沿方向，例如联合国环境署组织成立了绿色数字金融联盟，旨在利用数字技术促进全球可持续发展，20 国集团可持续研究小组则把金融科技赋能、可持续金融列为三大议题之一组织开展了前瞻性的建设工作，如英国先后发挥了金融科技和绿色金融的国家战略，瑞士政府组织金融机构成立绿色金融科技网络等。

（2）政策建议

如前所述，本条事项中的绿色金融部分已通过特区立法进行了法治护航，因此接下来的重点在于如何完善金融科技行业的法治治理，建议出台《深圳经济特区金融科技条例》，使金融科技“有法可依”，改变过去仅仅依靠部门规章、各种应急文件以及运动式治理的模式。

一是对于可以纳入我国现行法规体系的金融科技法律，深圳宜采取补充式立法的方式。以股权众筹为例，学界多认可其本质是一种证券公开发行活动，可以在证券法体系中对其加以监管。事实上，2015 开始修订的《证券法》多次在草案中提及了股权众筹的相关规则，这些创新虽在 2019 年最终公布的版本中被删除，但从草案的起草过程中，我们得出将股权通过众筹等金融科技法律活动纳入证券法中进行监管是一种可行的思路。此外，《证券法》修订后，其在第四十五条中埋下了程序化交易及监管的火种，为未来金融科技纳入证券法体系进行监管预留了一定的空间，深圳在先行先试的过程中，可以此为基础进行立法实践。

二是申请中央授权制定金融科技发展特别法条款。作为一个新兴产业，金融科技行业的发展呈现出多元化形态，如区块链金融与人工智能金融等，创新性的金融解决方案层出不穷，且业务形态具有一定的未知性，深圳宜申请中央授权制定金融科技发展的特别法，并以特区立法的方式在行业准入、法律豁免、金融消费者保护等领域先行先试，创新监管方式，维护金融秩序，促进行业可持续发展。同时，宜采取包容监管的立法取向，在产业发展的弹性与监管制度的刚性之间寻找平衡点，为产业创新预留一定空间，可借鉴英国与新加坡等国家的经验，通过“监管沙盒”的方式制定相关法案，构建有利于金融科技发展的监管协调机制。

三是设置金融科技业务和互联网金融业务的原则性准入条款，并争取国务院或者金融监管机构的授权制定具体实施细则。金融科技业务是银行、保险、基金与信托等传统金融的衍生形态，虽然在一定程度上甚至会革新原有的业态表达，但是仍滥觞于传统金融业务的根基之中。因此，深圳必须变通相应的金融法规，或者进行新的立法补充来实现监管目的。以互联网保险业务为例，在2021年2月银保监会下发《互联网保险业务监管办法》之前，《互联网保险业务监管暂行办法》一直承担着监管重任，为办法的正式出台积累了宝贵经验。再如，对于前几年兴起的“宝宝类”货币基金，证监会、中国人民银行于2018年共同下发了《关于进一步规范货币市场基金互联网销售、赎回相关服务的指导意见》，对互联网类货币基金的发展起到了较好的监管作用。所以，面对商业银行开展网上银行等类似业务，深圳可直接变通《商业银行法》和《银行业监督管理法》等法律的相关规定，对商业银行的互联网金融业务进行合规化管理，互联网信托业务的合规化发展亦可以采取这种思路。

四是构建深圳特色的金融科技监管创新试验和监管科技制度。特区作为试验田，本质上是一种中国版的“监管沙盒”制度，而深圳作为先行示范区，不仅在政策层面要治理先行，在监管层面也要率先做到执法有据，以个案为试点，推进以金融科技驱动的新一代全球金融法治体系的建设。当金融科技处于业务规模尚不成熟且较为有限的发展初期，政策治理作为改革的重要手段，能够为金融科技这一新兴产业的发展提供较大的包容性，但缺乏稳定性与可预见性。现在，金融科技产业已经逐步迈入业务规模不断发展壮大和业务模式日益复杂化的高速发展时期，监管层面应及时总结经验，研判国际金融科技发展形势，将金融科技放置于法治规范化建设的轨道之中。不同于传统的金融监管，金融科技监管的特殊性在于其金融要素的风险防控以及科技要素的特殊监管，除了需要为整个行业制定出通用的共性规则外，还必须针对某些特殊业态与技术，如区块链技术等进行特殊规制，并强化金融消费者的保护，尤其要注意金融消费者个人信息保护制度的构建。

4. 推进外籍人才签证便利化

清单内容：

1）支持深圳探索制定外籍“高精尖缺”人才认定标准，为符合条件的外籍人员办理 R 字签证。

2）赋予深圳外国高端人才确认函权限，探索优化外国人来华工作许可和工作类居留许可审批流程。

3）对外籍高层次人才投资创业、讲学交流、经贸活动提供出入境便利。

分析内容见第 26 条。

5. 探索完善外籍高层次人才居留便利和紧缺人才职业清单制度

清单内容：为外籍高层次人才提供永久居留便利。制定紧缺人才职业清单，简化外国人才来华工作手续，提高外国人才来华工作便利度。

（1）事项内容与问题分析

随着对外开放程度的加深，引进并用好外国人才成为人才工作的重要组成部分，中国亟须通过完善的外籍人才签证与永久居留便利的法律法规，来吸引并留住更多高学历、高技术的外籍人才来华、来深工作。传统的外籍人才制度多停留在政策层面，可操作性不高，出入境管理的相关配套法律法规亦有待加强。深圳作为海外高层次人才来华工作的重要目的地之一，可以先行先试，借助特区立法权，完善相关配套法规制度。

2021 年 2 月，前海管理局已对外发布《前海外籍人才紧缺职业清单》，通过调研基础上形成收纳 50 种紧缺职业，其中需求型紧缺职业 29 个，战略型紧缺职业 21 个。在清单中，每种紧缺职业都从职业能力要求、专业学历要求、从业资历要求、紧缺时期、紧缺程度五个维度进行描述，最大程度便利外籍人才根据自身职业资格情况与需求进行快速匹配。前海的实践经验，意味着“探索完善外籍高层次人才居留便利和紧缺人才职业清单制度”的事项已经开始落地。

（2）政策建议

制定《深圳经济特区外籍人才来深管理条例》，为外籍人才来深工作与生活提供法律保障，同时由市公安局牵头制定实施细则，完善外籍人才来深管理的制度体系。

一是深化移民管理机构改革，破解盲点堵点难点。聚焦当前外籍人才管理机构运行的瓶颈问题，通过统一管理、明确职能、统一标准等方法，来破解传统移民管理的机制体制问题。建议争取国家移民局授权，通过特区立法在深圳先行先试，重新界定各相关部门的职责，制定权力清单和责任清单，打造一体化的新时代移民管理体制。在纵向维度，开展机制体制改革，构建贯通公安部到各地方出入境管理部门的垂直管理体系，切实加强统筹协调，做到无缝对接、协同协力。在横向层面，公安部门需要加强同级职能部门协作配合，建立信息共享，通过建立会商机制，形成强大合力。

二是推动签证改革，建立分类、关联与评估制度体系。参照西方国家的签证制度经验，根据我国的具体国情来制定和精细化我国的签证体系。建议根据不同的职业类型，构建优先职业移民制度，如借鉴美国经验，将R签证根据科技、管理、投资、文体、其他等类别，进一步分类为R-1、R-2、R-3、R-4、R-5等，拓宽外国人才引进的对象范围，打造优良便捷的外籍人才软环境。同时，深化移民与出入境“放管服”改革工作，建立健全切合外国人才与深圳地方实际的可操作性管理制度，并以清单方式对外发布。

三是实施签证支持制度，实施更加开放的外籍人才引进政策。随着中国对外交往在各层次、各领域不断深化，外籍人才的流动也将成为常态，签证支持制度应该随着引资、引技、引智战略的调整而不断完善。外国人在华居留时，存在着不少持旅游签证（L）和访问签证（F）从事与签证无关活动的情况，除了需要加强监管外，可以通过在签证设计上完善关联转化、在签证标签上加注签证条件等方式来进行规范管理，提高外国人对我国签证支持制度的认识。例如，临时入签证上明示相关工作与能否转化为其他签证的条件，长期签证上明示期限、是否能工作以及如何变更等相关事项。此外，配合优先职业移民制度，采取计分制等灵活多样的签证支持制度，发布高端人才和紧缺人才需求目录，并适时更新。

四是简化行政手续，为签证、居留申请提供便利。主动作为，持续深化“放管服”改革，通过信息化建设和边检融合互动等模式，简化行政手续，为外籍人才提供签证、居留咨询服务和便捷条件。借鉴发达国家的“绿卡”制度，建立合理有效的人才评估工作体系，出台高端紧缺人才清单与相关管理办法，统一审核标准与流程，实现外国人在深办理各类事项的“一站式”服务。在加快集聚高端科研要素方面，探索证件特批和优惠制度，针对特殊人才放放宽门槛全球引才，如以深港科技创新合作区等为试点，实施落地签证或特定时长的免签政策。

6. 实施高度便利化的境外专业人才执业制度

清单内容：赋予深圳在有关部门指导下制定境外专业人才执业管理规定权限，明确职业条件、业务范围等，允许具有境外国际通行职业资格的金融、税务、建筑、规划等专业人才按相关规定在深提供专业服务。放宽境外人员（不包括医疗卫生人员）参加各类职业资格考试的限制。

（1）事项内容与问题分析

随着深圳建设社会主义先行示范区进程不断加速，深圳更加注重引进国际人才。实施高度便利化的境外专业人才执业制度，放宽境外人员参加职业资格考试，是深圳实现境外人员在经济特区就业与创业自由化、便利化的重要政策举措。

（2）政策建议

2021 年 2 月，《深圳市推进高度便利化的境外专业人才执业制度的实施方案》正式印发，共涉及金融、税务、建筑、规划及文化旅游、医疗卫生、律师、会计、海事、安全生产、教育等 11 个专业领域。这标志着境外专业人才来深执业便利的授权事项驶入了快速道，即将为深圳的开放发展注入国际人才的强大动力。建议在该实施方案的基础上，在各领域逐步形成覆盖多个国家（地区）的境外国际通行职业资格认可清单，在定期评估的基础上保持动态调整与及时更新，制定《深圳经济特区境外专业人才执业条例》，对放宽境外专业人才在深圳经济特区参加职业资格考试和执业限制方面作出明确的制度安排。可借鉴海南经验，推行国际职业资格“单向认可 + 目录管理 + 技能认定”的模式，实施《深圳经济特区境外人员技能认定合格证》制度，疏通政策性肠梗阻，让境外人才来深就业、创业更加便利方便。

（四）对外开放方面

1. 完善涉外商事纠纷诉讼管辖制度

清单内容：最高人民法院加强对重大疑难涉外商事案件的业务指导，提升审判质效。

（1）事项内容与问题分析

随着我国对外开放的不断深入，涉外商事往来越来越频繁，人民法院审理的涉外商事海事案件也呈飞跃式增长。我国现有的基础性涉外商事审判法律法规基本设立于80年代，80年代后期，最高人民法院的经济审判庭根据经济形势开始“分家”，分别成立了交通运输庭、知识产权庭、执行局和行政庭。2000年机构改革后，庭室又重新调整，进一步细化，成立了民事审判第四庭，作为中国司法对外窗口，在涉外商事海事纠纷解决中发挥着强有力的作用。为进一步提升涉外商事审判质量，高效解决国际商事纠纷，服务共建“一带一路”和全面开放新格局，2018年6月，最高人民法院第一国际商事法庭在深圳揭牌。最高人民法院设立国际商事法庭，组建国际商事专家委员会，建立“一站式”国际商事纠纷多元化解决机制，出台国际商事法庭程序规则，力求在处理有重大影响、疑难复杂的国际商事案件中发挥更大的作用，提升我国司法在国际上的影响力。

（2）政策建议

依托最高人民法院第一国际商事法庭，强化深圳司法系统与最高人民法院的业务指导联系，通过司法实践不断总结经验，完善涉外商事纠纷诉讼管辖权制度。除了传统的国际货物买卖合同纠纷外，要先行先试，在外商投资企业股东确认及其内部治理引发的纠纷、信用证、独立保函、大型施工设备买卖、海外建设工程引发的纠纷等领域进行卓有成效的探索，努力为外籍当事人提供便利精准的诉讼服务。

2. 完善国际法律服务和协作机制

清单内容：以经济特区国际仲裁机构为基础建设粤港澳大湾区国际仲裁中心，健全国际法律服务和纠纷解决机制，支持经济特区国际仲裁机构牵头建设国际投资联合仲裁中心，通过合作方式引进相关国际组织和世界知名仲裁机构，建立国际调解组织和调解员交流协作机制。

（1）事项内容与问题分析

粤港澳大湾区是一个存在三种不同法域的城市群，珠三角九市属于社会主义法系，香港特别行政区实行英美法系，澳门特别行政区则系大陆法系。因此，以经济特区国际仲裁机构为基础建设粤港澳大湾区国际仲裁中心，需要解决的法律问题异常复杂，下面仅以知识产权仲裁为例作出分析。

目前中国大陆在知识产权解决层面采取了司法与行政双轨制保护的救济制度，相关当事人不仅能够以向法院提起诉讼的方式得到救济，亦可通过求助行政确认、行政裁决与行政调解等方式获得救济。香港的知识产权救济制度继承了英美法系以司法途径为手段的传统，当事人一般通过申请禁令以及获得损害赔偿的方式来维护自己的权益。海关部门只参与知识产权相关侵权活动的刑事调查与检察控诉工作。因此在粤港澳大湾区体系内实施一体化的知识产权救济制度就不可避免地涉及珠三角九市与港澳之间的制度认可与执行协调问题。2006 年，内地与香港、澳门分别签订了《内地与香港特别行政区法院相互认可和执行当事人协议管辖的民商事案件判决的安排》《内地与澳门特别行政区关于相互认可和执行民商事判决的安排》，但并未专门对相关案件的判决作出具体的规定，三地在制度认可与执行协助层面的门槛也设定较高。例如，根据《内地与香港特别行政区法院相互认可和执行当事人协议管辖的民商事案件判决的安排》，两地知识产权案件的判决互认与执行必须基于"具有执行力的终审判决"，而《内地与澳门特别行政区关于相互认可和执行民商事判决的安排》则将行政案件排除在判决互认与执行之外。这也就是说，当事人在珠三角九市中以行政救济的方式获得的裁决结果，难以在香港与澳门得到认可与执行，法系与救济途径的差异性导致了执行与认可的不对等性，无法简单通过互认与执行安排进行消弭。

（2）政策建议

以知识产权仲裁为例：

可仲裁性是能否进行知识产权仲裁的决定性要素，而知识产权纠纷中，知识产权的有效性常常是双方争议的重点。虽然各国家与各法域对知识产权的有效性有着不同的界定，但在美国、英国和加拿大等国家，知识产权争议包括知识产权的有效性在内都可以进行仲裁。而俄罗斯与阿根廷等国家则要求通过专属法院管辖的方式来对知识产权的有效性定纷止争。在粤港澳大湾区范围内，由于法域的差异，知识产权的有效性争议也存在着不同的管辖权界定。例如，根据目前知识产权行政职能部门的设定与职责，并结合《仲裁法》的相关规定，珠三角九市的知识产权有效性争议应当由专门的行政机关进行处理，实际上排除了仲裁机构对知识产权有效性的管辖。但知识产权本身是一种涵盖了公益与私益的新型权利。世界知识产权组织仲裁与调解中心的建立，亦从侧面印证了知识产权的可仲裁性。此外，除了知识产权有效性争议外，我国法律并没有对知识产权的仲裁问题作出其他强制性规定。因此深圳需要通过特区立法，变通知识产权有效性争议不可仲裁的规定，以仲裁为抓手，打造一个完整、高效的大湾区知识产权争议解决机制。

根据《最高人民法院关于内地与香港特别行政区相互执行仲裁裁决

的安排》和《最高人民法院关于内地与澳门特别行政区相互认可和执行仲裁裁决的安排》的相关规定，内地与港澳之间在仲裁领域的相关合作应该制度化，如建设中国内地与港澳合作的仲裁机构，并依托香港国际仲裁中心，引入香港在知识产权保护与相关配套服务方面的先进制度安排，通过广东与澳门的协助，共同打造粤港澳大湾区一体化的知识产权争议仲裁机制。可借鉴香港国际仲裁中心落地在上海自贸区的模式，同时根据深圳特区特色进行一定程度的创新改革，在知识产权争议案件的可仲裁性上进行突破。此外，内地在2019年与香港、澳门分别签署的《〈CEPA〉服务贸易协议》的修订协议中承诺进一步开放法律服务业，为内地引入优秀的港澳律师人才留下了空间，有利于大湾区知识产权仲裁体系的协同发展。

以金融仲裁为例：

金融仲裁领域的对外开放可借鉴粤港澳大湾区仲裁联盟为范本，对标国际高标准，探索多样化的三地仲裁机构合作模式，以提高当事人仲裁选择自由度为抓手，以搭建大湾区仲裁机构交流合作平台为目标，推动专门的金融仲裁中心的成立，建立紧密、稳定的金融仲裁合作关系，并为当事人提供灵活专业的金融仲裁配套服务。金融仲裁中心设仲裁庭，当事人可以根据仲裁规则和相关法律的规定，选择成员单位进行仲裁。金融仲裁中心的仲裁员应多样化，可引入不同专业背景甚至法域背景的仲裁员，并创新当事人选择仲裁员的规则，借鉴国际先进经验，如给予当事人的“边裁”选择来推荐首席仲裁员。

增强信息技术在仲裁工作中的应用，围绕互联网仲裁在金融仲裁领域的创新发展，为当事人提供便捷高效的纠纷解决服务。新冠肺炎疫情下，互联网仲裁在迅速解决纠纷、助力经济复苏等方面发挥了重要作用，在金融仲裁领域的优势也日益凸显。如珠海仲裁委员会上线运行专门的互联网金融仲裁平台，还出台了专门的仲裁规则，为和谐解决金融纠纷、推进金融纠纷多元化解进行了重要实践。考虑到目前粤港澳大湾区仍然存在边检壁垒，人员与其他市场要素暂不能高效流通，必须以线上仲裁为突破口，来解决证据调取、文书送达和当事人参加庭审等方面的不便。深圳可充分利用互联网仲裁跨越地域和时区限制的优势，大力发展互联网金融仲裁，通过金融这个细分领域为切入口，制定互联网仲裁标准，在大湾区内推广远程和线上解决金融争端的在线模式，在方便当事人的同时，也能够有效提高粤港澳大湾区仲裁机构的竞争力，同时还能促进仲裁员的多样化，因为网上开庭对仲裁员的地理位置没有硬性要求，当事人可以选择异地的仲裁员进行仲裁。

3. 开展本外币合一跨境资金池业务试点

清单内容：建立本外币合一资金池主账户，整合本外币资金调剂归集功能，双向宏观审慎管理资金池跨境资金流动，允许主账户内资金办理结售汇和相关的套期保值衍生品交易，跨境调出入资金币种保持一致，资金池资金使用实行负面清单管理。

（1）事项内容与问题分析

传统本币和外币跨境资金池政策为双轨制。一直以来，我国本币与外币跨境资金池业务因为主管部门不同，分别遵循两套不同的规则，是一套由中国人民银行主导的“跨境人民币资金集中运营”和由国家外汇管理局主导的“跨境本外币资金集中运营”两种跨国公司资金运营的综合模式。由于监管主体不同，且政策目标与管理手段存在一定程度的差异，导致实际操作中，部分企业通过跨业务跨币种方式进行套利，无形中增加了两个监管机构事后审查的难度。此外，由于这两项业务尚无法实现当前国际上成熟的跨境现金池业务的全部功能，导致不少跨国公司需要基于多币种资金集中管理的需要同时开展两项业务，增加了企业的业务成本。

表 5　现行跨境资金集中运营管理类政策对比

	人民币集中运营	本外币集中运营
政策目标	加深跨境人民币在业务中的应用程度，促进人民币国际化。	提升跨国公司本外币跨境资金集中收付和使用的便利性。
备案管理	由结算银行向人民银行申请办理企业业务备案、变更。	由跨国公司向外汇局申请办理业务备案、变更、注销。

续表

	人民币集中运营	本外币集中运营
账户管理	采用不同监管账户对企业人民币资金池业务和经常项下集中收付业务资金进行分立管理。	采用单账户模式集中管理业务项下不同性质本外币资金。
资金跨境融通业务管理	1. 用所有成员的集团应计所有者权益为基础，约束人民币资金池业务中境内外成员间资金跨境调拨规模；2. 跨境资金调拨仅限境内外成员企业间开展；3. 跨境资金调拨不纳入外债及境外放款相关登记管理，且不占用其相关额度。	1. 允许成员自主按宏观审慎原则，以所有者权益总额为基础，计算并集中自身全部外债及境外放款额度，约束资金跨境融通规模；2. 资金融出（境外放款）交易仅限与境内外成员企业间开展；3. 实行一次性外债及境外放款登记管理。
监管路径	以结算银行为抓手间接监管企业。	直接面向跨国公司及业务合作银行。
事后监管措施	实施业务风险评估机制及基于风险等级的差异化业务调控措施。	以系统登记手段实现对企业及其业务信息的采集，以业务资格调控手段实现对风险恶化及无实际业务企业的监管。

本外币合一跨境资金池试点开启“双轨制”迈向“一体化”改革。2019 年 3 月，国家外汇管理局印发《跨国公司跨境资金集中运营管理规定》，放开了跨境资金池的币种限制，允许人民币入池，为本外币合一跨境资金池试点提供了政策依据。2019 年 4 月，中国人民银行正式批复同意广东自贸区复制 FT 账户，同年 9 月，中国人民银行深圳市中心支行印发实施《中国（广东）自由贸易试验区深圳前海蛇口片区分账核算业务管理实施细则（试行）》，同年 12 月 31 日，经中国人民银行批准，自由贸易账户（下称“FT 账户”）于前海正式落地，获批银行于 2020 年 1 月 14 日起，开始向前海蛇口自贸片区内注册企业及境外主体提供本外币一体化的自由贸易账户金融服务。2020年5月，中国人民银行、银保监会、证监会、外汇局发布《关于金融支持粤港澳大湾区建设的意见》，将开展本外币合一的跨境资金池业务试点，作为促进粤港澳大湾区跨境贸易和投融资便利化、提升本外币兑换和跨境流通使用便利度的重要举措。2020 年 10 月 11 日，中共中央办公厅、国务院办公厅印发的《深圳建设中国特色社会主义先行示范区综合改革试点实施方案（2020—2025 年）》提出了 27 条改革举措，其中包含了将开展本外币合一跨境资金池业务试点。2021 年 3 月

12 日，中国人民银行、国家外汇管理局决定在深圳、北京开展跨国公司本外币一体化资金池业务首批试点，进一步便利跨国公司企业集团跨境资金统筹使用。同月，深圳传音控股股份有限公司获得批复，成为全国首家开展跨国公司本外币一体化资金池试点的企业。

本外币合一跨境资金池业务试点对于跨国企业在深圳设立全球财资中心创造了政策空间。首先，单一的本外币资金池账户不仅有利于跨国企业从集团层面对本外币资金进行统筹管理，在降低开展国际业务的资金管理成本的同时，为国际投融资业务的开展提供了便利。其次，本外币跨境资金池融合消除了多头管理和监管差异，在简化跨国企业备案和审批程序的同时，避免了由于准入标准、资金期限和管理额度的不同所导致的额外合规成本。最后，本外币合一的跨境资金池试点还允许企业资金在资金池内办理结售汇和完成套期保值等衍生品交易，为跨国企业汇率风险管理创造了更为有利的条件，显著地降低了企业的汇兑成本。

综上所述，随着本币和外币跨境资金池业务不断发展，开展本外币合一跨境资金池业务的条件已经成熟，本外币跨境资金池融合已成为趋势。尽管中国人民银行和外汇管理局分别在本币和外币的跨境资金池业务上积累了多年的监管经验，但由于深圳本外币合一的跨境资金池业务尚在试点中，所以深圳可借助建设全球财资中心为抓手，跨越监管从“双轨制”向“一体化”的转变。

（2）政策建议

一是以建设全球财资中心为抓手，采用“案例创新”的模式开展本外币合一的跨境资金池业务试点。建议以福田为试点，以英国金融行为监管局（FCA）“监管沙盒”机制为借鉴，以“案例创新”为具体模式将深圳建设为全球财资中心，试点中资企业在深圳设立全球财资中心。参与试点的企业必须满足在国家“一带一路”倡议推动下，跨境资金调配需求强，内控制度完善的中资企业标准。同时，优化国际主账户功能，通过简化登记管理、拓宽资金使用、提升银企合作灵活性等手段，吸引跨国公司不断优化境内外资源配置，并将境外资金向境内归集。初期建议以华为作为首个试点企业，启动本外币合一的跨境资金池业务，打造成中资跨国公司全球资金运作中心标杆。监管部门从负面清单管理模式的角度，系统性研究我国跨国公司跨境资金集中运营管理体系建设，在合法合规的前提下，对于不涉及资金池资金使用负面清单的业务，可共同推动该案例的完成并进行复制推广。

二是出台《深圳特区企业财资中心管理条例》。跨国公司跨境资金集中运营业务框架要求财务公司对跨国公司业务和其他业务（包括自身的资产负债业务）进行分账管理，但却没有对“自身资产负债业务”等概念进行较为明晰的界定，亦缺乏分账管理相关的具体实施细则，导致财务公司在实操中常常面临困惑。建议出台《深圳特区企业财资中心管理条例》，进一步明确财务公司作为主办企业开展跨国公司业务的相关要求，给予财务公司更多的便利化政策支持。同时，财务公司对跨境融资金开展套期保值业务的需求旺盛，应根据综合授权改革清单的要求试点，允许主账户内资金办理结售汇和相关的套期保值衍生品交易。

三是有效降低财资中心的税收成本。财资中心作为一项金融基础设施，其目的在于强化企业资金的集中管理，提高企业资金的使用效率。深圳要建设全球财资中心，必须先有效降低财资中心的税收成本，在贷款业务类别上，对财资中心委托的业务类型实施税收政策层面的特殊处理。根据我国当前的税法，财资中心集团成员内的资金拆借与利息收取等行为需要缴纳较高的营业税与印花税等，相比中国香港与新加坡的低税率，我国的财资中心对企业缺乏税收吸引力。因此，建议深圳以福田为试点，通过中央授权的方式从财税制度维度进行改革，在营业税层面，进行免征营业税试点改革，并对集团公司借助资金池向外部单位放贷的业务征收一定比例的营业税；在印花税层面，借鉴香港的经验，有效降低征税税率。考虑到印花税兼具行为性质，而财资中心的资金划拨一般是由总部同银行在协议中进行约定，账户内的资金流转与计价则是通过银行内部的系统自动化运行，协议中并无对具体借贷金额的规定，因此，对资金池业务免征印花税是一种合理的制度革新，即给予成员公司、主办企业与银行的印花税免征优惠。

4. 先行先试地方政府债券发行机制

清单内容：授权深圳在国家核定地方债额度内自主发行。创新地方政府举债机制，允许深圳到境外发行离岸人民币地方政府债券。

（1）事项内容与问题分析。

通过梳理地方债政策演化的阶段性轨迹，我们可以得出结论，我国地方债的管理权限一直采取的是自上而下的放权式改革。从 2009 年开始，我国在地方债发行方面逐渐松绑，开始尝试中央政府代地方政府发行地方债的“代发代还”模式。虽然这在当时被认为是一种缓解金融危机对地方政府影响的暂时性举措，但在不久后的 2013 年与 2014 年，中央又进一步将权限下放为自发代还与自发自还模式，并在全国进行试点。到 2014 年后，随着《预算法》的修改与之后配套法规政策的逐渐完善，地方政府的自主债券发行机制成为一项重要的制度安排，地方政府作为独立民事主体自主发债的法律地位也愈加明朗，并随着经济发展环境与政府体制建设的不断完善而逐步落地。

需要注意的是，根据最新的预算法，只有省、自治区与直辖市政府才有自主发债的权利，县、市、乡这些基层政府并非自主发债的法律主体。这种由省级政府代发来满足本地经济发展的举债融资模式，依然会造成债券融资主体与债券资金使用主体之间的错位问题，不敢为、不作为成为主基调，地方政府甚至利用 PPP 或基金等方式变相举债，极大降低了资金配置的效率，也无法充分实现债券资金使用主体的举债融资需求。

改革开放 40 多年以来，深圳经济特区已经从中国改革开放的探路者升级为新时代的示范者，这表明深圳不仅拥有较强的风险应对能力，而且可以在防范地方债风险层面进行较大的改革创新。授权深圳在国家核定地方债额度内自主发行地方债是我国实现地方政府自主债券发行机制的重大突破，但也仅仅只是一个里程碑，因为地方政府自主债券发行与管理的最终目标，是建立起地方政府能够根据自身的偿债能力决定举债规模，并进行风险防控的制度体系。在目前的限额管理阶段，地方政府的融资举债行为仍存在诸多管制，因为限额从本质意义上来说，就是在行为结果上对地方政府债务风险的额度进行锁定。如果地方政府的融资举债行为有较强的风险管理能力，那这种“严父般”的限额管理制度就无存在的必要。因为一个有自我风控能力的地方政府，即便获取了较高的债务额度，也不一定会将额度全部用完；而如果因为限额制度的约束导致其无法获得足够的资金，便会阻碍该地区的经济发展。因此，随着改革的深入与法治的完善，深圳未来的目标是在地方债务改革上，争取中央授权进行不需要通过限额进行管理的试点。

（2）政策建议

本条授权在额度内自主发行地方债，以及在对外发行地方债两个维度进行探索，从立法上也需要从这两个方面进行完善。

一是试点交易阶段的做市商制度引入，提高地方债的市场化程度。借鉴美国市政债券的做市商制度，通过做市商将双边报价以自有资金和当地债务进行交易，提升市场流动性，促进合理价格的形成。美国的市政债券市场实践已经充分证明，做市商制度能够有效提升债券市场的流动性与交易的效率，为债券市场高质量发展保驾护航。2001 年，我国银行间债券市场正式引入了做市商制度，2016 年，财政部和中国人民银行开始推动政府债券做市支持机制。建议深圳先行先试进行地方债市场做市商创新改革，促使做市商更积极主动的对政府债券进行双边报价，发挥做市的价格发现机制，健全反映市场供求关系的地方债收益率曲线。同时鼓励具备资质的商业银行，积极参与地方债做市服务，建立协同服务模式，提升深圳地方债的市场化程度。

二是通过立法强化地方债信息披露的评级监督。债务信息披露是强化政府性债务管理最为基础的工作之一，但遗憾的是，我国目前并未形成较为完善的地方债信息披露制度，相关法律制度的位阶与层次也较低，缺乏信息披露机制的关键细节，信息披露更多依赖于政府的“自觉”，地方债投资者难以及时有效地掌握地方债相关信息并作出投资决策，市场约束及其有效性亦无法得到保证。深圳应通过特区立法来完善地方债信息披露法律体系，并通过制度安排，对地方政府财务报告进行科学的合规审计。可借鉴国外的双评级制度、再评级制度，拓展评级机构业务服务范围，持续推动评级业务创新。在确保国家信息安全的前提下，可在某些项目中试点引入国际评级机构增加审计透明性，提高国内评级机构的竞争意识，不断以国际高标准严格要求评级业务水平。

三是积极尝试地方政府债券的国际发行模式。地方债的境外发行包括离岸市场发行与在岸市场发行两种模式，在岸市场发行主要是通过银行间市场面向境外机构投资者发行，但由于我国地方债评级较少有国际评级机构的参与，境外长期机构投资人很少会配置中国地方债。事实上，中国地方政府债券的信用评级虽比国债稍低，但收益率并不次于国债，且信用评级总体亦没有低于金融机构债与企业债，不仅相对安全，流动性也不错，能够成为海外机构投资人青睐的下一个新兴市场。针对离岸市场发行，可借鉴金融机构和企业在离岸市场发行点心债，即香港离岸人民币债券。人民币资金池的规模是深圳建设离岸金融中心成败的关键，试点地方政府债券的离岸发行，促进地方政府在离岸市场发行人民币债券，有助于逐步将人民币计价的地方政府债券打造成全球安全资产，推动深圳人民币离岸金融中心的持续发展。如果深圳的地方政府债券在离岸市场上能够获得越来越多的国际投资者认可，势必能够提高我国境内金融市场上发行的地方政府债券的国际信用，从而常态化推进地方政府债券的国际化发行。

5. 扩大港口、航运业务对外开放

清单内容：研究实施经邮轮母港入境的外籍游客 144 小时过境免签及邮轮团体乘客 15 天免签的政策。支持深圳在客运码头设置旅客国际中转区、优化出入境手续，以及延长口岸通关时间。取消游艇自由行海关担保金。

（1）事项内容与问题分析

我国航运法律以《海商法》《船舶法》等为基础，服务国际纠纷解决。

深圳必须学习其他知名国际航运中心的成功经验，结合自身的发展现状，创新出辐射范围更广更全面的具有深圳特色的港口，航运法律体系，让纠纷不用去伦敦等地解决，才能真正实现港口与航运业务的对外开放。

（2）政策建议

首先，结合深圳实际，向中央争取授权决定在深圳范围内暂停适用航运相关法律法规，为深圳的改革创新的预留出足够的制度空间。其次，制定《深圳特区国际航运条例》，通过完善国际航运协同合作，集聚航运资源要素，完善航运服务功能，进一步提升深圳国际航运中心能级，夯实深圳航运营商环境的法治之维。再次，全力推进深圳国际海事法院的建设，不断提升专业化审判水平与能力，加大对海事案件的执行力度，为深圳航运发展重大战略部署提供强有力的司法保障。最后，深圳虽设有海事仲裁机构，但几乎没有实质开展海事仲裁业务，应积极与中国海事仲裁委员会进行对接，争取设立中国海事仲裁委员会深圳分会，为深圳航运企业提供高质量海事仲裁服务，加强深圳海事仲裁专业化水平与国际化程度。

6. 深化国际船舶登记制度改革

清单内容：允许在深圳依法设立的企业，对其所有的船舶在深圳进行国际船舶登记，企业的外资股比不受限制。船籍港名称结合深圳实际需要依法由主管机关另行确定并公布。允许依法获批的外国验船公司对在深圳进行国际船舶登记的船舶开展入级检验和法定检验。允许外籍船员在深圳进行国际船舶登记的船舶任职高级船员，且所有船员免办就业证。

（1）事项内容与问题分析

国际船舶登记制度，一般是指在本土设立的，同时向本国国际航运船舶与国外船舶公司开放的船舶登记制度。挪威于 1987 年通过了《挪威船舶登记法》，成为第一个设立国际船舶登记制度的国家。随后，德国、荷兰和日本等航运大国也纷纷设立了自己的国际船舶登记制度。国际船舶登记制度的优点在于，在传统船舶登记制度的基础上，保留了船旗国对于本国船舶的必要控制权，又兼具了开放登记制度的灵活性。这也是为什么世界上有越来越多的国家，在适度监管的前提下，引入该制度来激励悬挂方便旗的本国船舶回国登记。深圳要实施更加开放的海运政策，必须建立与国际接轨的国际船舶登记制度。

2013年5月，交通运输部正式批复《天津东疆保税港区国际船舶登记制度创新试点方案》，天津成为我国首个实施国际船舶登记的船籍港。2013年9月发布的《中国（上海）自由贸易试验区总体方案》首次规定，在试验区实行已在天津试点的国际船舶登记政策，这是国际船舶登记制度在中国自贸试验区范畴内的首次亮相，并作为我国航运领域的重要改革创新经验而复制推广至其他自贸试验区。次年，《中国（上海）自由贸易试验区国际船舶登记制度试点方案》正式获批，标志着国际船舶登记制度在上海自贸试验区开始试行。深圳应当充分发挥区域比较优势，差异化探索更多制度创新，形成航运发展高质量的深圳创新实践经验。

（2）政策建议

一是深圳海事局牵头起草《深圳特区国际船舶管理条例》，将各项集成创新制度以法条的形式落地。条例中规定深圳特区国际船舶注册登记制度、海员管理制度、航运企业安全管理制度等的创新构建、船舶联合登临检查等监管方式创新，形成法治化、国际化、便利化的营商环境，并申请《深圳国际船舶管理条例》涉及的上位法（法律、行政法规）的暂停使用。

二是建立更有吸引力的配套财税政策。由深圳市财政局与税务局联合研究出台相关细则，制定航运物流扶持激励政策，推动航运企业税收制度改革，从启运港退税、车船税免征、船舶吨税停征、海员个人所得税免除/降低等层面来充分调动航运企业的登记积极性，加快国际船舶登记制度改革步伐。建议对注册的航运企业及其相关服务企业（如融资租赁、修理、保险、法律服务）实行税费减免，深圳特区国际航行船舶的税费减免，以及上述企业高级管理人员、船员的个人所得税减免，并实行税收优惠的适用标准制定，取消向境外支付外汇的税务备案要求等。此外，建议由海关部门出台细则，规定深圳特区国际船舶的身份定位，明确关税、进口环节增值税等税收减免制度，以及监管与检查制度的简化等。

三是建立更有影响力的国际船舶登记中心。建议由深圳市司法局与深圳市中院牵头，加强研究论证船舶商事纠纷选择临时仲裁、提交域外仲裁、允许外国仲裁机构在自贸港开展仲裁活动的可行性与船舶登记强制性公证项目、公证机构的主体开放、融资租赁出租人的优先受偿权等制度。由中国人民银行深圳市中心支行（国家外汇管理局深圳市分局）研究并出台开放船舶境外融资限制的实施细则，从而简化融资手续，简化外汇管理手续。深圳人社局负责雇佣境外船员的就业许可、境外船员的社会保险，海事劳工条件现场检查的统一实施，并制定境外企业在深圳开办船员培训机构的许可。深圳公安局研究制定外国籍船员及其随行家属免签政策、停留期限等。深圳市交通运输局（深圳市港务管理局）简化对深圳特区国际船舶、航运企业、水路运输辅助业的行业管理。

四是改革过程中坚决维护国家核心利益和国家安全。建立国际船舶登记信用机制，强化捍卫国家利益的底线思维，对于列入不可靠实体清单或者制裁清单的外国实体与个人，或者通过人民法院司法程序认定的失信被执行人，禁止办理国际船舶登记。对关乎国家安全的粮食、原油、铁矿石等战略物资运输的船公司或船舶，实行不低于 71% 中资持股比例的限制性要求；对于关乎国家战略物资运输的船公司或船舶，高级船员要求由中国籍公民担任，对于关乎特资运输的船公司或船舶，要求全部是中国籍船员。

7. 赋予国际航行船舶保税加油许可权

清单内容：在深圳水域试点开展国际航行船舶保税液化天然气加注业务。允许设立海上保税燃料油供应仓库。开展保税燃油使用人民币计价、结算试点。

（1）事项内容与问题分析

国际航行船舶保税油是指按照国际通行惯例，经国务院批准享受保税政策，免征关税、进口环节增值税和消费税，不占进口配额，由海关监管供应的国际航行船舶用油品。我国对保税油经营业务实行国家指定经营，此前，国务院共批准5家企业在全国范围内开展保税油经营，赋予浙江省舟山市地方保税油经营许可权，而深圳通过本次综合改革授权，成为第二个获得许可权的城市。随后，在2021年4月，海南成为第一个在省域范围内获得保税油地方经营许可权的地区。

目前国内还没有哪个港口大规模开展液化天然气加注业务，国家以清单授权方式赋予深圳国际航行船舶保税加油许可权，试点国际航行船舶保税液化天然气加注业务，允许设立海上保税燃料油供应仓库等，对吸引全球船舶挂靠深圳，建设国际航运中心有相当重大的意义。深圳在承接保税加油经营许可权下放后，必须力争获准保税油混兑调和加工贸易，由口岸部门积极举措优化监管模式，在精简审批流程提升服务效率等方面积极突破创新，极大地激活特区保税船供油市场。

（2）政策建议

一是设立锚地统一管理机构。针由海事、港航等有关部门联合成立锚地管理机构，制定出台详细的锚地使用管理办法，紧密结合港口生产情况，同时根据各港区水文气象条件对供油锚位实施统一、合理、有效的科学管理和使用。

二是努力争取国家政策的倾斜。落实船舶内锚地加油免收吨税政策；落实跨区域加注政策，建立以深圳为中心，覆盖粤港澳大湾区保税船用燃料油市场的保税船用燃料油生态圈，打造粤港澳大湾区一体化供油市场；在不同税号保税燃料油混兑调和政策中增加可使用国内调和原料品种，解决因限定可使用国内调和原料种类少而导致的采购渠道偏窄、成本高居不下的问题。

三是抓紧出台《保税燃油加注深圳特区作业标准》。内容主要包括：规范口岸管理对接受海事服务船舶查验标准，缩短查验时间；规范锚地加注油作业标准，以解决目前存在的锚地作业风力、浪级等气象作业条件实际可操作性较差、夜间作业标准不统一、自动化应用不足等实际问题。对保税燃油加注供油企业实施规范化管理，适当放宽标准船型的作业标准，打造高性能船舶为特色的区域品牌，采取有效措施扎实做好安全保障工作，助力作业效率的提高。

四是提高口岸供油通关效率，持续优化通关环境。探索建立深圳口岸边检诚信管理服务机制，根据评判的诚信等级，实施分级服务、差异化管理，提升保税油加注效率。对于信誉度高的涉外燃供企业及代理企业列入“VIP”服务对象，牢牢抓住“最多跑一次”改革的“牛鼻子”，以更高标准、更严要求、更实举措，推动开展便捷高效的通关服务，着力发展保税油加注通关监管一体化服务建设。借助海事电子化政务平台，以油品全产业链为主，进一步升级口岸申报功能体系，实施“申报无疫放行”等便利化检疫放行措施。加快建设保税油供应一体化基础上延伸拓展至海事服务领域的全方位可视化港口综合集群指挥调度系统，对燃供企业及代理企业提供二十四小时不间断服务。

（五）公共服务体制方面

1. 放宽国际新药准入

清单内容：允许在粤港澳大湾区内地 9 市开业的指定医疗机构（港澳医疗卫生服务提供主体在珠三角 9 市按规定以独资、合资或合作等方式设置医疗机构）使用临床急需、已在港澳上市的药品。

（1）事项内容与问题分析

内地对境外药品及医疗设备配备实施严格的安全管制，对港澳医疗机构在内地发展造成了较大的阻碍。虽然粤港澳大湾区领导小组于 2019 年 11 月 6 日公布的《16 项普及惠民及便利香港专业界别到大湾区发展的政策措施》中指出，“容许在大湾区内地城市的指定港资医疗机构使用已在香港注册的药物和常用的医疗仪器”，该规定大幅度提升了境外药品及医疗设备在内地流通的便利化程度，但也仅限于“香港注册的药物和常用的医疗仪器”，和海南将国外医疗药物、器械的审批权下放至地方的医疗政策相比，仍有一定差距。

2021 年 4 月，深圳市政府办公厅发布了《关于加快推动医疗服务跨境衔接的若干措施》(以下简称《跨境医疗措施》),涵盖医疗一体化融合建设等内容。其中,《粤港澳大湾区药品医疗器械监管创新发展工作方案》授权深圳可以先行先试使用香港已经上市的药品,即“港药通”的首批国际新药的审批流程已接近尾声,申请了54种药械,涵盖肿瘤、罕见病、呼吸道疾病等多个病种。其中,药品包含不同专科,如妇产科、肿瘤科、皮肤科等。医疗器械也关系到不同专业,如骨科、心外科等。

因此,现有实践与本条事项仅仅是加强粤港澳大湾区医疗要素流动对接、促进资源供给与需求趋向平衡的初级举措,未来应参照海南经验,对于在大湾区内医疗机构临床急需且在我国尚无同品种产品获准注册的医疗器械,实施风险可控的进口批准制度,在更多指定医疗机构进行试点使用。并在此基础上,进一步推动粤港澳大湾区医疗规则衔接,并在深港医疗协同发展方面先行做好示范。

(2)政策建议

积极落实《粤港澳大湾区药品医疗器械监管创新发展工作方案》,研究简化进口使用的审批手续,完善配套制度和标准规范,加快临床急需医疗器械的评审审批,并实行监管对象目录制管理;建立涵盖进口审批、境外采购、进口通关、贮存配送、临床使用全流程的追溯体系,支持粤港澳三地机构在国家药监局指导下,合作设立药品监管协作机制,进一步加强药品不良反应监测信息通报体系和能力建设,加强药品医疗器械的进口和使用管理。

2. 探索完善医疗服务跨境衔接机制

清单内容:探索建立与国际接轨的医学人才培养、医院评审认证标准体系。

(1)事项内容与问题分析

内地的医师职级评定自成体系,医师的人才待遇与诊费标准、职称级别挂钩,分为主任医师与副主任医师等级别。香港与海外医师没有对应的职级制度,所以无法做到职级互认,这严重影响了境外医师在深圳的相关待遇与政策优惠，降低了港澳医师来内地发展的积极性。此外，虽然港澳医师可以通过参加内地的医师职称定级考试获得大陆医师职级，但该考试的内容与相关的认定标准都与港澳体系存在较大差异，导致只有很小一部分港澳医生能够通过该考试。目前作为试点的香港大学深圳医院在深圳执业的部分港籍医生，正在进行内地技术职称体系的转评，首批港籍正高、副高专家将在该院诞生。此外，在医师人才的培养上，内地规定毕业生必须经过 3 年的住院医师规范化培训才能上岗，且目前只有公立医院才具备规培资格，这就将港澳医疗机构排除在了培养单位之外，不利于港澳医疗资源的利用。必须以发展粤港澳大湾区医疗健康共同体为契机，探索建立国际接轨的人才培养与评审认证标准体系。

（2）政策建议

一是支持粤港澳建立联合培养机制。促进粤港澳三地医疗人才共同培养，借鉴香港模式，改革完善全科医生培养与使用激励机制，推动构建全面对标国际先进水平的医疗人才培养制度规则体系。设置粤港澳医疗机构规培资格试点，将在内地开设的具备培养资质的港澳医疗机构纳入规培医院范围，降低内地医学生在港澳医院的学习门槛，充分发挥粤港澳地区的综合优势，深化医疗人才的交流、培训与队伍建设。

二是通过协同创新发挥医疗科技平台的引领作用。以深圳市生物医药创新产业园区、光明现代生物产业园、深圳国际生物谷生命科学产业园等医疗产业发展平台为载体，以国际中医药港（目前明确落户光明）等新平台建设为依托，进行国际前沿药品临床应用和探索完善医疗服务跨境衔接机制改革，发挥香港的对外开放优势，以及澳门作为中葡经贸节点的合作优势，通过协同创新拓宽粤港澳医疗市场的国际空间，强化内地医疗标准与国际标准的衔接，充分利用现有的医疗科技平台的引领作用，发挥科技基础设施和公共服务体系等职能优势，助推产业质量的提升。鼓励大湾区的内地医疗企业出海发展，并为港澳医疗机构的产品与服务进入内地市场提供相关的政策支持。

3. 扩大企业博士后站办学自主权

清单内容：赋予深圳对企业博士后科研工作站分站的设立和撤销权限。

（1）事项内容与问题分析

相对于其他副省级城市，深圳高校、科研机构发展起步较晚，数量较少，博士后科研站点更少。但深圳市委、市政府非常重视人才工作，在人才引进体制机制上善于创新，在人才引进和培养方面舍得投入。通过深圳人才计划、工作条例，设立人才日，深圳通过立法的方式，确立人才在一座城市发展过程中应有的位置。

1995 年，深圳被获批设立企业博士后工作站，成为全国第一个由地方政府搭台、引导企业博士后工作的城市，这也是国家博士后工作管理部门继批准设立上海宝钢博士后工作站后的又一新尝试。26 年来，深圳博士后工作坚持以企业为主体，以市场为导向，覆盖了电子、医疗器械、金融、生物医药等多个前沿产业，为助推企业发展、提高人才素质、转化科研成果发挥了重要作用。截至 2020 年底，深圳共有科研流动站 15 家，科研工作站（分站）115 家、博士后创新实践基地 307 家，其中 90% 的单位为企业，高新技术企业占比超过七成。全市在站博士后超过 4300 人，累计招收培养近万人，在全国副省级城市中名列前茅。

赋予深圳对企业博士后科研工作站分站的设立和撤销权限，有利于深圳聚焦科研攻关和技术创新，瞄准新一轮创新驱动发展需要，深圳将围绕基础设施和平台建设，解决一批原创性关键技术和“卡脖子”技术。

（2）政策建议

2020 年 12 月 12 日，深圳 5 家单位成为首批由深圳市人力资源和社会保障局批准设立的企业博士后工作站分站，分别为 TCL 华星光电技术有限公司、深圳市汇川技术股份有限公司、亚能生物技术（深圳）有限公司、深圳市地铁集团有限公司、中电科智慧城市研究院公司，标志着中央赋予深圳设立企业博士后工作站分站事权正式落地，这也是首批 40 项综合改革试点授权事项中，在公共服务体制方面的首个落地事项。

（六）生态环境和城市空间治理方面

1. 优化生态环境管理机制

清单内容：

1）授权深圳实施环评制度改革，通过调整建设项目环境影响评价分类管理名录等形式，在已经开展区域空间生态环境评价的区域，按照生态环境准入清单要求，制定需要开展环评的重点项目名录，未纳入名录的建设项目简化或豁免环评。

2）赋予对单位注册所在地在深圳的地质灾害防治单位甲级、乙级资质审批权限。

3）授权深圳引进境外各类资金投资国内气候项目，允许深圳投资于国内气候项目的境外资金有序退出。

（1）事项内容与问题分析

深圳始终将生态环境保护工作摆在突出位置，牢固树立“绿水青山就是金山银山”理念，全力打好打赢污染防治攻坚战，全面解决突出环境问题。深圳已率先实现全市域消除黑臭水体，被评为水环境质量改善最明显的十个城市之一。推进“深圳蓝”行动改革，在全国率先划定高污染燃料禁燃区、最先全市限行黄标车、第一个100%使用新能源公交车。推行生态环境损害赔偿改革试点，对污染者实行民事、行政、刑事“三位一体”的责任追究。综改试点及先行示范区意见等文件中关于完善生态文明制度，构建城市绿色发展新格局和优化生态环境管理机制等利好政策，都将助力深圳进一步纵深推进环境治理体系和治理能力现代化。目前，深圳市生态环境根据综合授权改革任务，正在开展环评制度改革，通过科学划定管控单元，系统推进区域空间生态环境评价，提出差别化环境管控要求，实现精细化管理和精准化服务，各区试点如市生态环境局光明管理局牵头的“授权深圳实施环评制度改革”已在全市率先推进区域环评改革。总之，通过权限下放，深圳可以在生态文明制度上大胆探索创新，率先构建生态环境保护支撑高质量发展的“深圳经验”“深圳模式”，形成一批可复制、可推广的改革经验。

（2）政策建议

一是通过特区立法，确认环评机构主体的法律地位。建议在环评中引入特殊普通合伙组织形式，并就归责原则及构成要件作出具体规定，可借鉴其他连带责任承担主体的相关规则理论与司法实践，以实现追究环境侵权责任，从而达到赔偿受害人损失和遏制环境侵权行为的目的。诚然，2015 年新《环境保护法》和《环境侵权司法解释》对环评机构的侵权连带责任进行了初步规定，但并未对此连带责任的适用范围、举证责任、构成要件及具体承担规则作出明确规定，导致司法实践中难以有效引用相关连带责任的规定，无法实现立法所欲达到的惩罚、预防及补偿的目的。因此，深圳通过特区立法细化环评机构的连带责任问题，能够有效提升生态环境管理的法治环境，优化生态环境管理机制。

二是开展环评技术评估。现行《建设项目环境保护管理条例》明确规定：“环境保护行政主管部门可以组织技术机构对建设项目环境影响报告书、环境影响报告表进行技术评估，并承担相应费用；技术机构应当对其提出的技术评估意见负责，不得向建设单位、从事环境影响评价工作的单位收取任何费用”。但具体实践中，由于缺乏应当组织开展环评技术评估的强制性条款，所以环评文件的技术评估并未在全国得到很好的普及。深圳应该先行先试，通过特区立法确认技术评估等相关强制性监督条款，细化具体的实施细则，对审批部门开展环评文件技术评估工作作出硬性要求，并制定考核标准。

2. 探索优化建设项目用地用林用海审批机制

清单内容：允许深圳统筹用地用林规模和指标，在国土空间规划编制完成后，探索按规划期实施的总量管控模式。开展用地用林用海“统一收文、统一办理、统一发文”审批机制改革，加快实现“多审合一、多证合一”。赋予深圳占用林地省级审核权限。

（1）事项内容与问题分析

根据《广东省自然资源厅国土空间用途管制行政审批制度改革工作方案》要求，广东省自然资源厅出台了《广东省自然资源厅关于用地用海用林审批改革的实施方案》》（粤自然资发〔2019〕48号）有关要求，明确了开展统筹用地用海用林审批改革工作的目标、内容、步骤和保障措施，并在深圳市、珠海市、江门市、湛江市等4个市先行开展试点。本条是加快试点落地，实现高质量发展的重要实践，其关键在于明确改革目标，着力实现一体化审批。原由自然资源系统内部不同处（科、股）和局“分别收件、分别办理、分别出文”进一步升级成为“统一收件、统筹办理、统一出文”，是统筹用地和用海预审、统筹用地、用海、用林审批。

（2）政策建议

尽快出台《深圳市建设项目用地用林用海审批管理办法》，推动本条事项落地。2020年12月2日，深圳市规划和自然资源局已发布《深圳市建设项目用地用林用海审批管理办法（征求意见稿）》，将农用地转用审批、永久占用林地审批、海域使用权审批、国有建设用地使用权审批整合为一个事项，设立“建设项目使用自然资源审批”公共服务事项，市规划和自然资源登记机构依申请统一办理自然资源登记证书。该办法在全面梳理用地、用林、用海现有审批机制、审批流程的基础上，对用地用林用海审批事项进行整合再造，实现建设项目用地用林用海审批由“三分”审批（分别收文、分别办理、分别出文）优化为“三统”审批（统一收文、统一办理、统一出文）。2021年3月，市规划和自然资源局公示了《深圳市建设项目用地用林用海审批管理办法（征求意见稿）》，再次向社会征求意见收集及采纳情况。

3. 开展航空资源结构化改革试点

清单内容：

1）支持深圳机场在满足条件下，进一步提升机场容量

2）支持深圳在国家发展改革委指导下设立民航业发展混合所有制改革基金，积极参与民用航空业改革发展

（1）事项内容与问题分析

2018年，新修订的《国内投资民用航空业规定》正式实施，对比2005年颁布的《国内投资民用航空业规定（试行）》（中国民用航空局令第148号），修订后的规定最大的亮点是降低了三大航空公司（中国国际航空股份有限公司、中国东方航空股份有限公司、中国南方航空股份有限公司）国有或国有控股的比例人，让国有资本可以相对控股。发起设立民航业发展混合所有制改革基金，是贯彻落实国家和地方，关于积极发展混合所有制经济、积极推进国有企业混合所有制改革决策部署的重要举措，是深入进行航空业产业资本与金融资本融合改革的重要抓手，彰显了协同发展的重要性。这说明了，混改将不再是国企和政府的“独角戏”，市场准入门槛被进一步放宽，民企也能参与混改，且民企投资的行业禁区会越来越少。

（2）政策建议

需要配套的立法关键在于解决混改中的产权利益分配问题，这是制约民企参与混改的主要原因。因此，深圳需要利用特区立法权，出台配套细则保障民企产权利益，完善进入和退出机制。2016年国务院发布了《关于完善产权保护制度依法保护产权的意见》，强调了要建立以公平为核心的产权保护制度，实现各种所有制产权身份平等、机会均等和规则公平，但从目前来看，我国颁布的有关混合所有制改革的相关政策还是只停留在“通知”“意见”层面，深圳可以先行先试，通过民用航空业改革积累经验，并不断完善立法，将非公有产权的保护上升到法律层面，完善对非公有经济产权的保护制度，以避免造成对非公有资本的侵害，真正激发非公有资本参与混改的积极性，切实发挥混合所有制经济应有的功效。

五、配套措施

（一）全面推进综合授权改革试点的落地

1. 技术赋能改革，建立高效综合授权改革体系

一是充分利用新一代信息技术，构建纵向到区，横向到各部门的城市大脑·改革发展决策组织架构，加强综合协调，提高改革效率。构建纵向延伸到区的改革决策“平台”，对接现有各区的智慧政务管理系统，在此基础上，横向构建扩展到各业务部门的改革决策“系统”，依据改革领域的不同组建专班进行研发与运营，从而通过信息化系统串联政府内部组织与分工的节点，打通从基层到顶层设计的改革互动反馈路径，建立健全部门间、部门与地方间联动推进工作机制。对于政府日常管理流程中的改革决策点，如日常业务和管理例行性决策，通过信息化系统压缩流程，快速决策并实施，推动改革高效率运行；对于一些“重要但不紧急”的地方事权改革决策事项，通过专家委员会审慎论证，专班领导集体讨论决策的模式，确定地方事权改革要点清单，最大限度增强改革事项的可实施性，并上报至综合授权改革决策指挥中心后滚动推进实施；对于制约国家改革发展的重大制度性障碍，必须与上级事权部门充分沟通后确定授权改革事项，以最大限度获得上级部门支持，并梳理形成若干批综合授权改革事项，分批次研究制定授权清单，按程序报批后滚动推进实施，推动综合改革试点实施方案见到实效。

二是依托市大数据资源管理中心，成立深圳城市大脑·改革发展指挥中心，解决各单位改革工作各自为战的问题。市级层面成立深圳城市大脑建设领导小组，由市委书记挂帅，主管市领导担任副组长，各区和各部门主要领导担任领导小组成员；由市大数据资源管理中心牵头，成立深圳城市大脑·改革发展指挥中心，实施改革专班决策与运行机制，支持政企以具体项目为目标组建专班，根据重点改革的不同领域研发不同的子系统，

城市大脑运营指挥中心统一给予办公场地、后期服务、设备设施及云资源等保障；各业务部门根据需求提出改革立项后，要由对应的项目专班统筹规划，并形成对应领域的改革清单，其中涉及综合授权改革的事项，则按照不同事权、不同内容进行细化，启动从立法到落地的全流程分类追溯体系，提高改革效能。

三是建立风险可控的授权监督反馈机制，加强改革督查督办。以控制风险而非消灭风险为原则，建立健全风险识别和风险防范制度和政策体系，将授权改革清单进行风险等级的可视化分类标注，实行包容审慎的改革风险分类分级管控机制，分别采取相应调整措施。对于某些高风险的改革事项，强调监督而非干预。属于国家已经开展的授权改革事项，应当就授权改革实施情况及时总结经验，在此基础上将改革的广度或者深度做进一步拓展的尝试；属于国家尚未开展的授权改革事项，应当在通过充分的评估论证后予以确定，滚动研究制定授权清单，制定明确翔实的实施方案，成熟一批，就申请一批。借助信息系统建立统筹考核与激励机制，实施被授权领导人责权利一致的容错发展制度，杜绝逆向授权。此外，还应配套完善的绩效考核机制，全市授权改革的清单建立与进展落地工作进展每周通报一次，对项目组、市区各级部门进行动态任务绩效考核，并列入年底考评内容，对于表现突出的项目组或者部门，给予表彰与奖励。

四是建立有效实施授权的动态管理与评估机制。由深圳城市大脑·改革发展指挥中心进行统筹，建立电子工作台账，分解改革工作任务，制定年度重点工作安排，压实压细每一项改革的责任，并针对不同的部门与改革事项的特点，分层分类进行改革评估，以可视化操作界面展示各领域改革进展情况。第一，对不同业务部门的授权“成熟度”进行动态评估。竞争力越强，独立运作能力完善的业务部门分值越高，可率先进行更为充分的改革授权与空间。第二，要明确主管机关需在规定期限内作出法规具体配套规定，打通法规实施最后一公里。第三，对不同的综合授权事项的实施效果进行动态评估。实施顺利、效果明显的措施，要加快推进，尽早实现早期收获；达到预期效果的，及时总结提炼，加快形成一批可复制可推广的制度成果；要素评估分数较低的事项，系统自动向指挥中心发送预警，相关部门必须及时组织专家对改革事项进行专项评估与优化改进。同时，要建立综合授权改革长效价值评估机制，一般以2年为周期对清单改革成效进行形式落地评估，以3~5年为周期对清单改革成效进行实质价值评估，充分发挥试点的容错和经验积累功能。在具体操作层面，可以基于政治、经济、社会、文化等各个维度，综合评估实施改革所产生的效应，对有成效的改革举措可以深化推广，对效果不好或不达逾期的及时进行纠正或者调整。

五是建立城市治理一体化在线反馈机制，强调公众与企业对改革的参与，探索共建共治。通过技术手段，建立综合授权改革公众参与机制，拓宽公众参与渠道，鼓励社会各界建言献策，形成包容性的改革氛围。推动社会参与贯穿改革的全过程，进而凝聚各方面共识，促进社会信任强化，实现社会治理改善。可借鉴贵阳“百姓拍”App，整合现有侧重于文明建设的深圳市文明办“随手拍”曝光台与只涉及交通违法的深圳交警“随手拍举报平台”，建立全市统一的基于城市治理的“随手拍”在线反馈平台，让市民与企业可以通过拍照取证、投诉举报等流程，参与市政设施、营商环境、交通违法、环境卫生、综合执法等城市治理的各个环节，充分暴露发展短板与改革痛点，并开展“城市之星”与“改革先锋”等奖励活动，提高市民与企业参与社会治理的意识，将百姓与企业的服务诉求直通政府，强化改革过程中的民众与企业的参与机制。同步建立人工智能辅助系统，对改革与立法过程中民众与人大代表的建议按事项、条款或议程生成意见汇总，并对关注度高的事项或者条款进行可视化排序，将民众关注的要点与代表履职的积极性得以“量化呈现”。

2. 做好改革协同，构建粤港澳区域法治共同体

一是构建粤港澳大湾区法治协同联席会议机制。提请广东省人大常委会组织珠三角九市立法机关，定期召开粤港澳大湾区法治协同粤方会议，开展珠三角九市的立法协同工作，就区域内公共事务、要素流动以及深圳

城市空间统筹利用等立法事项研究体系化的解决方案，体现多元利益主体诉求，逐步分解各种因素在区域内制造的行政壁垒。可由全国人大常委会授予联席会议在协调涉及广东省内跨行政区域的协同立法、联合立法相关事务的权力。针对一些具有共性的区域协同立法事项先行先试，在厘清和区分地方性事权和中央事权的基础上，首先由珠三角九市在授权模式、职能配置、机构设置和人员编制等方面对标，进行趋同化的立法设计，统一立法步伐；另一方面，需与港澳联合和协调的事项向全国人大常委会统一上报，由中央进行协调。把握先易后难的节奏，不断积累可复制、可推广的经验和示范，持续推动粤港澳大湾区法治协同粤方会议机制做好做实，从制度和政策层面为先行示范区乃至整个大湾区法治合作与交流提供坚实的保障。

二是以促进粤港澳大湾区效用标准进行改革创新与法治建设，并与经济特区立法工作相衔接。一方面，在“一国两制三税区”的背景下，充分运用先行示范区综合授权改革试点，就涉及中央、国务院授权事项的深港澳规则衔接，争取支持加快推动相关政策落地，打通综合授权改革与深港澳规则衔接路径，推出粤港澳规则对接机制，积极开展就综合授权改革的各领域率先实现深港澳规则衔接相关研究，联络粤港澳大湾区其他城市加强协同合作，邀请社会相关人士有序参与立法过程，构建全流程、全方位的区域协商协调机制，推动更广泛的公众参与，深入了解港澳各界具体诉求，系统梳理规则对接的问题障碍和需协调解决事项，全面推动深圳与港澳的规则制度对接；另一方面，除了必须由中央立法进行规定的关涉主权、跨区域问题等极为重大事项或者法律保留事项之外的其他事项，应当通过充分运用好经济特区立法变通权，推动突破性制度创新，参考港澳及其他域外大湾区立法经验，拟定立法基准和立法规划，制定符合大湾区适用的深港澳规则，以经济特区立法变通权确保粤港澳大湾区建设的法治保障和创新。

三是以要素市场化推动粤港澳大湾区二次改革开放，实现大湾区市场全要素跨境自由流动。将深圳市放在更大的新发展格局中优化要素布局，努力打造畅通国内大循环、参与国内国际双循环的深圳样本，形成要素开放式、网络化、多中心、集约型的发展格局。一方面，坚持“一国两制”原则，在坚决维护国家安全、主权、发展利益的前提下，积极推动双向开放、互相借鉴，为实现规则衔接接和要素便捷流动坚决做好法治保障，促进港澳融入国家发展大局，加快推进由商品、要素流动型开放向规则流动型开放，积极探索更加灵活的政策体系，实现生产、分配、流通、消费体系的优化升级，促进对外开放优势向开拓国内市场优势的转化，增强畅通国内大循环和联通国内国际双循环的功能；另一方面，坚持平等自由原则，通过变通适用相关的法律法规，在法律适用、争议解决等环节创设连接点，打造具有充分涉外因素的执法司法环境，充分赋予当事人自主选择权，允许国际争议解决机构在前海深港现代服务业合作区、深港科技创新合作区等密切涉港合作区域开展业务，逐步放开境外法律服务机构开展业务。可在深港科技创新合作区探索双向开放与身份平等的制度与规则机制，如开展便利深港两地科研人员、仪器设备、生物样品等便捷流动的法规与政策，提供示范后，再逐步通过法治建设，破解港澳与内地之间基于身份差异所设置的流动管制与公共产品供给的要素割据状况，降低制度对接成本，实现市场全要素自由流动。

四是探索粤港澳区际司法协助新模式。充分运用特区立法优势，完善区际民商事司法协助单行规则。争取全国人大授权，在粤港澳大湾区尚未达成司法协助安排的领域，允许深圳先行制定特区法规，为港澳提供条件更为宽松、程序更为便捷的民商事司法协助，促进粤港澳之间在民商事司法协助方面尽快形成法律互惠。争取最高人民法院支持，授权深圳法院，发挥个案探索作用，在跨境破产、知识产权保护等亟须的领域，以个案方式灵活推进民商事司法协助进程，为形成制度性安排探索、积累经验。积极争取最高人民法院支持，在深圳设立“粤港澳大湾区司法研究院”。“粤港澳大湾区司法研究院”为半官方机构，同时也是“国家法官学院深圳培训基地”，由最高人民法院主管，定位于建设国际一流司法研究机构、司法合作交流平台和具有国际影响力的学术交流基地。在最高人民法院的统筹安排下，与港澳地区和外国司法机构开展灵活、广泛的司法合作交流，建立深层次、常态化司法合作交流机制。

五是完善跨区域的协作机制，提升跨境一体化改革发展水平。在融合发展、营商环境建设、科技创新、社会治理创新、教育创新和城市空间统筹等领域优先开展先行先试、深化改革；建立湾区城市政府部门互通协商的联席会议机制，通过协商确定涉及大湾区创新的授权改革事项，从而在湾区城市之间取得最大限度的协同联合，并建立起跨区域的一体化绩效考核机制；对于涉及中央事权的重大改革事项，深圳应争取对应的国家机构在深圳设立粤港澳大湾区总部，代表中央协调大湾区的改革发展工作，不断完善跨区域的协作机制，提升改革一体化协同发展效应，如争取设立人民银行南方总部，代表中央统筹协调粤港澳大湾区金融工作，统筹金融要素的跨境市场化改革。此外，可大胆探索深圳与大湾区其他内地城市合作区的法律创新问题，例如在深汕特别合作区适用深圳经济特区立法，大大减少深汕特别合作区与深圳经济特区的管理差别，迅速提升深汕特别合作区法治化营商环境。

六是按照各个要素市场化配置改革的难易程度有序推进改革。一方面，要集中力量解决各个要素市场存在的共性问题，重点改革各类要素市场的分割问题，进一步赋予要素主体完备的财产选择权，提升要素市场的交易效率，尤其是在粤港澳大湾区的跨境流动效率。另一方面，应遵循由易到难的总体原则，有序向前推进。建议在难度相对较小的利率市场化和汇率市场化为主的资本要素市场化配置领域率先破冰，实施先导性改革；对于其他阻力较大的改革领域，则需要以中央的顶层设计作为指引，借助特区立法，以及区域政策、产业政策、社保政策的配套，逐步实现公共服务的均等化。此外，为了实现要素市场主体培育和配置方式的创新，深圳必须重点破除行政性垄断，培育多元化的要素市场供给主体。在此基础上，进一步创新配置方式，优化市场交易机制，提升资源配置效率。

七是围绕科技创新与环境便利大胆运用特区立法。从 2008 年的《深圳经济特区加强知识产权保护工作若干规定》，到 2018 年的《深圳经济特区国家自主创新示范区条例》和如今的《深圳经济特区科技创新条例》，正是凭借制度条例一步步完善，法律条文一步步清晰，才构筑了以企业为主体的创新体系，才在40多年间达到辉煌成就。接下来，深圳应该更进一步，围绕科技创新，在粤港澳大湾区合作、知识产权服务、法律服务、商事制度等领域进一步采取放宽、放权、放行的有效举措和立法创新，建立与国际市场接轨与港澳趋同的国际科创法治规则。例如，以深港科技创新合作区为试点，在海关与出入境领域进行规则创新，探索科研物资管理上的自贸港制度，对经备案境外人士在围网区域停居留及工作给予便利安排，允许自港方一侧进入围网区域的备案人员不视为入境，自深方一侧进入围网区域的备案人员不视为离境，这都需要对海关法及出入境管理法进行变通适用。

八是运用经济特区立法权，在借鉴香港相关法律的基础上，探索制定符合国际惯例、接轨香港、且仅在前海范围内实施的制度体系。一直以来，香港业界对现有法律法规中关于专业服务业管理、行政管理体制改革以及社会管理体制创新等方面的体制机制问题较为关注，如果通过运用经济特区立法权，在权限范围内适当突破上位法部分规定，制定相关法规，必须在基于中央、全国人大以及国家有关部委支持的前提下才能开展，具有较大难度。深圳可以就全力推进体制机制创新进一步争取中央支持，针对香港服务业进入内地市场目前最大的阻碍，即部分行业领域的制度限制以及行政管理公开性和透明度问题，可以允许部分行业领域在仅限于前海范围内开展对接香港的一些率先尝试，探索建立相关管理制度，如果相关试验成功，制度行之有效，则可在深圳乃至大湾区的范围内进行推广；如效果不佳，可由全国人大废除深圳制定的相关条例，继续实施原有法律法规。通过争取更大限度快速地推动深港合作，为深圳和香港的服务业发展提供最大限度的布局优化和升级发展空间，积极促进香港融入国家发展大局，打造制度创新合作的大湾区“样版”。

3. 积极争取授权，先行突破重点领域改革事项

目前，《深圳建设中国特色社会主义先行示范区综合改革试点首批授权事项清单》已公布，我们认为，接下来深圳应以下重点领域积极争取下一批清单授权，继续进行先行突破。

一是飞地改革权。深汕特别合作区设立以来缺乏明确的改革授权，在推动改革创新发展的过程中，往往受到部门利益等多种因素的制约。中央有必要通过“一揽子”授权方式对深汕特别合作区进行改革授权，并按照深圳全面主导、汕尾积极配合的原则，参照深圳的行政区管理模式，通过行使经济特区立法权对深汕特别合作区进行多方面的行政管理。

二是教育改革权。与医疗领域的情况类似，教育改革权往往触及中央事权。为此，中央可在教育体制改革方面加大对深圳先行先试的支持力度，对推进教育改革时受到目前制度规则中的不合理束缚，通过经济特区变通立法进行突破，鼓励中外社会力量兴办教育，吸引各方优势资源，持续推动深圳教育水平和办学能力现代化、国际化，既有利于扩大深圳中小学教育规模，又为营利性民办学校开展义务教育指出一条探索革新之道，有助于缓解深圳当前的教育资源困境，吸引更多的高质量基础教育资源流向深圳。

三是法律服务业改革权。法律服务业在先行示范区法治运行中发挥着“润滑油”的作用，法律服务业的蓬勃发展为先行示范区建设国际一流的法治化营商环境提供巨大的助推力。由于上位法的制约，港澳律师在深圳执业的过程中往往受到诸多制约而难以拓宽市场业务，而许多涉及法律服务业的改革权限由中央把控，可通过中央授权深圳在法律服务业方面的相应改革权力，推动粤港澳法律服务业合作深化，探索扩大港澳律师在深圳执业范围，吸引更多港澳律师来深圳执业。

四是区域协调权。在粤港澳大湾区和先行示范区的建设中，打破行政边界的刚性束缚，建立要素自由流动的共同市场既是其题中之义，也是共同的价值追求。深圳作为地级市没有进行区域间协调的权限，中央可授予

深圳部分区域协调权，增强建设先行示范区的灵活性，例如：①警务合作权。授权深圳可与港澳警方直接建立工作联系机制，加强深圳与港澳警方的沟通交流，包括核对深圳居民出入境资料真实性、建立跨境联合执法机制、探索粤港两地互设警务服务窗口等等。②环境协同治理权。中央有必要授予深圳环境协同治理权，与周边城市共同构筑环境协同治理体系，充分彰显环境协同治理的优越成效。③金融规则的跨境对接、网络信息跨境传送等方面的权限。中央可进一步授权深圳接轨港澳金融体系的权限，逐步建立有效的金融监管制度，促进金融业健康发展，为中国金融服务实体经济作出示范。同时，为推动粤港澳大湾区国际科技创新中心落地，可明确深圳科技企业在网络信息跨境传送方面享有比其他城市更为宽松的监管措施。

（二）完善立法决策和改革决策衔接机制

1. 立法主导改革，强化人大代表履职保障机制

一是探索建立改革计划和立法计划相衔接机制。构建从立法层面推动的改革举措的工作机制，相关部门在草拟改革项目方案的同时，应做好对立法需求的研究，提出是否需要变通有关法律、法规的意见和建议，梳理改革计划中需要立改废释等立法工作支持的项目，同步提请市人大常委会启动立法程序，推动改革计划和立法计划有效衔接。建立市委全面深化改革委员会、法工委以及市司法局三方联席会议制度，增强政府改革计划、立法计划与人大常委会立法计划的协调性，确保立法计划无缝对接。

二是构筑立法质量评估与公众参与立法双机制。一方面，建立健全立法评估机制：构建创新立法项目的风险评估机制和立法实施效应评估机制，跟踪立法项目的社会舆论动向，明确主管机关需在规定期限内就法规实施情况向人大常委会作出书面报告，强化法规实施过程的监督，及时研判先行先试立法引发的副作用，客观评估实施立法后的各方面效益和存在的问题，为法律的废改立积累经验，提供客观依据。另一方面，完善公

众立法参与机制：构建起重大利益调整论证咨询机制，采取论证会、听证会、委托研究、咨询等形式，对立法过程中涉及的重大利益调整问题开展论证咨询；启动基层立法联系点的规范化和扩大试点工作，总结先进经验，制定《深圳市基层立法联系点工作规则》，对基层立法联系点的工作职责、工作流程等进行进一步规范，从制度上保证基层立法联系点工作的规范化和常态化。

三是深化民主法治领域改革，通过法律有序有效整合改革的利益诉求，发挥法律凝聚社会共识的制度效用。一方面，设立“特区改革成果转化办公室”，将深圳特区改革经验成果中所蕴含的社会发展规律进行总结，及时提请立法部门上升为法律，巩固和发展改革成果；另一方面，在深圳市人大常委会网站的基础上，搭建决策、立法与公共理性的公众参与平台“对话人大”，公开立法涉及的相关资料（在不违反保密原则的前提下），民众通过该平台的移动端与网页端在线表达诉求与建议，采用问答活动直播、民意调查、在线焦点小组讨论等方式，深化民众的参与度，而人大代表及相关部门必须在限定期限内反馈和回应公众意见，使改革事项能充分经过多方博弈，推动形成立法共识，从而切实保证公民成为立法的有效参与者，使改革经验或成果接受公共理性的检视，确保真正成熟的改革经验依法转化成可复制推广的制度模式，提升立法的民主科学性。此外，进一步完善立项研究论证制度，针对重要法律法规项目开展课题化研究，必要时进行委托论证，并在“对话人大”平台上进行公开辩论，从而实现好中选优、优中选精，提高立法的针对性、时效性。

四是解决部门立法倾向，加强人大及其常委会在立法活动中的主导作用。进一步推动立法规划计划制度实施，增强执行约束力，对提案主体、牵头起草单位、分工联系的人大专门委员会或者常委会工作机构作出明确的规定。加大增强人大自主起草工作力度，加大人大自主起草法案比重，具有全局性、基础性或综合性强的重要法规草案，应当由人大专门委员会、常委会工作机构组织起草；部分容易产生部门倾向的立法项目，由人大或其常委会组织力量成立专门立法研拟小组，小组成员可由相关领域专家学者、实践经验丰富的实务部门同志等组成；有充分必要需由政府业务部门起草的项目，必须基于行之有效的提前介入机制，人大相关专门委员会或者常委会工作机构主动通过多种形式提前参与法规草案论证工作，协调各部门就法规起草产生的分歧，参与研究确定法规起草的总体思路、基本框架和重要制度构建等等。探索建立立法辅助制度，明确立法辅助人员的工作职责、配备方式等，由人大设立专门立法助理办公室进行管理；完善立法审议机制，引入程序主义论辩过程，完善审议意见的处理标准、反馈机制，尤其对于比如是否符合宪法和《立法法》相关规定、是否与改革方向不一致等涉及立法实质的问题，应另行组织研究并书面反馈。

五是通过立法转化顶层设，引领改革进程并推动科学发展，对改革决策设定更高的合法性边界。制定《特区改革法治化程序细则》，详细规定改革决策制定的各种法治化程序要求，杜绝“踩着法律改革”，确保改革思路和改革方案严格遵循法治原则和法律规定，确保在法治框架内推动改革措施落地；完善起草阶段专家咨询制度，广泛开展各种类型、层次的资料收集，参考资料汇编并作为立法背景资料进行存档，同时，做好法条比对，开展理论探索，确保立法体现创新性；在智慧立法参与平台“对话人大”中设立“权利救济”的专门板块，协调平衡改革决策转化为法律过程中的各种利益冲突，充分尊重和保障公民的权利与自由，坚决在法律严格限制的范围内行使公权力，防止改革中过度强调公益而造成对公民权益的挤压与限缩；提升党领导人大及其常委会立法工作的法治化水平，提出立法需求和建议，主动与立法机关协调改革决策中涉及的立法问题，对于违法推行改革或其他原因导致改革违法进行的，依法追究直接领导人的纪律责任或者政治责任。

六是创新人大闭会期间代表的履职机制，推动改革政策制定反映民众利益和诉求，为政府改革的发展提供指引。一方面，针对人大闭会期间代表的履职情况出台切实可行的考核标准，提出硬性要求，并对代表的履职情况进行记录和公示，落实个人责任，以此方式激发代表履职热情并建立起跟踪监督机制；另一方面，提高人大事务办理情况在政府绩效评估总分的权重，从原有的4%提高至10%[①]，重视代表在人大闭会期间提出的建议、批评和意见的落实情况，建立政府回应的跟踪监督机制，并通过“对话人大”等平台进行公开，强化人大监督改革工作的实效性，优化政府对改革问题的回应过程与回应效率；对于政府并未真正解决问题或响应诉求的，人大代表必须通过各种方式进行履职，例如继续发函联络、举行议事会并邀请媒体参加、邀请政府部门调研、视察以及约见等形式开展后续跟进。

七是加强深圳全过程立法评估机制的落地与应用，常态化推行立法评估工作。进一步提升深圳立法评估机制“立法”的效力级别，同时将数目可观的深圳市政府规章评估也纳入其调整范围，明确其他规范性文件的评估可以参照其执行，避免地方立法的评估出现“制度真空”。开放立法评估的主体资格，除深圳市人民代表大会各专门委员会、深圳市人大常委会各工作委员会外，高等院校、专业咨询机构、律师事务所等单位也可以成为立法评估的主体，而非只是受托主体或参与主体，从而增加自主性，保障立法评估的民主正当性和程序合理性。

2. 法治落实决策，保障特区立法与改革的互动

一是厘清先行示范区建设亟须中央授权的事项，完善先行示范区立法创新和立法协同机制构筑的基本前提。深圳应按照《先行示范区意见》，对于明显突破现有法律、行政法规规定，但又迫切需要进行先行先试的事项，由有关方面（如前文的先行示范区立法协同联席会议）通过法定程序向中央请求授权。在未来进一步争取中央支持，逐步在深圳市全境或原深圳经济特区范围内授权由市人大运用经济特区立法权，在投资、贸易、金融、外汇、行业准入、行政、社会以及飞地管理等方面制定经济特区条

---

① 在深圳市2019年度政府部门绩效评估指标中，“人大建议办理”和“与人政协工作的联系”两项评估指标共占4%的权重，其中，“人大建议办理”是指“市政府部门按照有关规定，按时按质办理人大建议的情况，以及人大代表对办理工作的满意度”，并对评分标准、工作考核要求、评估规则及计算公式、数据采集方法和流程等都做了具体规定；“与人大政协工作的联系”也规定了评分标准、评估规则及计算公式、数据采集方法和流程，并要求政府部门必须在要求时限内答复人大代表提交的联系函，未办理答复的，每件扣5分。

例，在先行示范区范围内率先进行与国际接轨的制度体系尝试。

二是建立健全综合授权改革法治体系，补齐相关法律短板。由深圳市人大牵头，构建先行示范区与全国人大及其常委会的便捷沟通机制，成立专门机构进行特区立法与综合授权协调；在遵循宪法的规定，符合法律和行政法规基本原则的前提下，运用经济特区立法权就行业准入门槛、法律服务业、社会民生建设等方面的事项进行立法突破的尝试，积累更多实践成果，形成可复制推广的经验做法。特别是要争取在从立法体制上可以成立经济特区自有立法权限的领域，对需要先行先试的事项进行系统立法。明确所有的改革主张必须转变成法治主张，并不意味着所有改革决策都要体现为法律形式，而是要求各项决策应当以法治方式实施；要建立综合授权改革运行机制，明确综合授权改革事项的授权目的、期限、内容、实施主体以及实施程序等；充分发挥人大在立法中的主导作用，加强立法调研，及时把一些涉及要素市场化配置、营商环境优化和城市空间统筹利用等综合授权改革重点领域项目纳入立法内容，有针对性地推出一揽子立法计划，通过经济特区突破立法调整或者变通现有法律中不适应改革的地方，如，尽快健全土地要素领域相关立法；加快补齐资本市场立法缺位；加快数据市场相关法律法规的研究制定与适时出台；尽快为深化科技成果使用权、处置权和收益权改革等提供法律保障。

三是努力把改革创新的深圳模式、深圳经验上升为法治深圳的经验和特色，突出可推广、可复制的价值取向。首先，敢于作为，一如既往充当好经济体制改革中的“先遣队”，充分运用各类授权进行先行先试的创新实践。例如，通过率先落实“有偿使用国有土地”、创立法定机构、设立“人才日”“企业家日”等举措，在法治的轨道上推进改革，以法治手段为经济建设保驾护航，激发市场各类主体活力，实现公有制与非公有制经济均衡发展。其次，善于突破，通过可容忍的变通做法，回应深化改革进程中对法治建设提出的新问题、新诉求，服务不断变化的市场动态需求，构建容错纠错机制，支撑改革创新中法治实践的灵活性。再次，勇于创新，发挥大数据、云计算、人工智能等科研及产业优势，积极推进“数字政府”“智慧法治”等各项工程，提升城市精准治理，推动法治与先进技术结合。最后，还应区别行使经济特区立法权和设区市地方立法权，只有基于先行示范区进行制度改革的实际需求才适用经济特区立法权，并且要坚持可推广、可复制的价值取向，例如，不宜将一些因存在地域特殊性难以在全国复制推广的立法措施纳入先行示范区建设规划。

四是构建综合授权改革与特区立法的互动反馈机制，根据改革进程及时制定、修改相关立法。应当把确保改革措施的合法性作为谋划改革决策的前提：对于现存的单项授权改革事项，要尽快研究制定相关法规，总结改革经验，进行拓展性改革尝试，通过特区立法解决当前面对的改革难题；对于即将开展的授权改革事项，要考虑现有制度规则与改革相适应程度，推动改革决策与立法决策同步进行，为改革提供法律依据或试验空间，无法同步的也要做到不违反现有法律法规。如果是对现有体制的改革创新，应当通过人大决定或者经济特区立法变通权，明确改革所应遵循的基本法治原则以及改革创新的内容和基本法治框架；如果是产业、科技、业态等事项的新尝试，应通过特区立法及时推出新制度规定进行规范，并在推动改革的过程中不断改进完善。

五是对于根据特区实际制定的变通法规，必须明确所变通的上位法条文，并说明所遵循的法律、行政法规的原则或基本原则。对“基本原则”应在不偏离合理文义范围的同时坚持与时俱进，将党中央治国理政新理念新思想新战略等科学融入，坚决不做宽泛解释，也不应过于狭隘；需遵循从相关法律规则中加以提炼总结的原则，在理解时也应坚持动态的、发展的立场；除一些固有语之外，可运用规则变通方法使用本地区群众熟知的、认同的语词，必要时还可以进行再次定义。对于特区先试先行立法中使用的新语词，应当在文本的总则或附则中以“本条例所称……是指（包括）……”的格式规定其准确的概念或内涵。

六是在运用经济特区立法变通权时，应当坚持权利与义务平衡原则，从“义务本位”转向“权利本位”，谨慎规定增加义务的变通规则。运用规则变通方法时应当把保护公民的权利作为最终的价值追求，就变通结果是否对公民的私权产生限制和干涉进行充分考量。做好“权”和“责”的配置，赋予权力的同时进行相应的责任和制衡机制设置，避免产生权多责少的情况，防止出现权力滥用的后果。一方面，变通后权力机关不得任意扩大和滥用权力，行使处分权和处罚权应有更加细化的限制规定，还可以根据地方的具体情况变通增加对权力机关监督的途径和权利受到侵害后的救济途径。另一方面，要以保护公民的权利为目的和前提为公民设定义务，如果对公民权利仅进行宣誓性的陈述规定，必然会因缺乏可操作性而难以落实。在规则变通中还应结合实际需要，对公民权利具体指向的对象、义务相对人应履行怎样的义务进行更详尽的规定。

七是建立立法草案公开说明制定，重点做好备案审查的沟通工作，强化对特区立法尤其是变通立法的监督，保障改革的合理性。在综合授权改革的新时期，必须更加规范行使立法变通权，科学合理界定特区变通立法的尺度和限制，严格解读并适用2015年《立法法》第九十八条第五款的规定，即“经济特区法规报送备案时，应当说明对法律、行政法规、地方性法规作出变通的情况”，具体而言，深圳报送特区法规备案时，必须对立法的性质属于变通立法或先行先试立法进行说明，同时详细说明具体的立法内容，以便于备案审查机关对有关变通条款的合法性进行监督，而且可以在相当程度上改变过去对变通权行使理解过于宽泛，造成使法律适用机关很难对其予以监督的状况，从而更好地利用特区立法权尤其是立法变通权为改革扫除障碍。同时，涉及经济特区立法相关条款变通合法性、合理性时，深圳应当就此向全国人大常委会进行充分的变通说明、合理性解释工作，推动最大程度解放思想、实事求是、与时俱进深化改革。

3. 充分行使特权，先行突破重点领域改革事项

一是数据治理改革。借鉴欧盟GDPR和美国加州消费者隐私法案经验，分别在数据的采集与来源、存储与流通、分析与处理等阶段，明确数据安全和隐私保护。加大违法利用数据行为的惩罚力度，一方面适当加强行政处罚责任，提升现行规定的罚款定额，借鉴GDPR规定，增设按营业总

额的比例处以罚款的条例；一方面争取全国人大支持，降低入刑门槛，对违法获取、使用数据给数据主体造成较大负面影响的，追究刑事责任。强调数据的准公共产品性质，加强政府对数据管理规制的权力和责任；赋予公民对个人数据的访问权、纠正权、删除权、限制加工权、携带权、反对权、拒绝自动化处理权利等；赋予数据控制主体适当的数据财产权利，抵御不正当竞争，促进企业对数据技术、智能经济的投入，引导数据市场健康有序发展。

二是教育改革。教育资源供给匮乏是制约深圳可持续发展的一块短板。深圳除了要在教育改革权限上积极争取中央的授权之外，也应充分运用好经济特区立法权，为本地高校与国（境）外名牌高校开展高层次人才联合培养方面的合作提供支持，吸引港澳科教资源流向深圳，促进深港澳教育资源融合发展，形成高层次人才联合培养的有效合作机制，积极推动立足深圳长期发展的高层次人才的自主培养。同时，在基础教育层面，应积极鼓励在深圳开展集团化办学、名校合作办学并提供相应便利条件，为吸引中小学、学前教育资源提供更多政策倾斜和机制保障。

三是法律服务业改革。推动法律服务业改革有助于为先行示范区法治建设灌注更充足的法治智慧。首先，深圳可立足前海法治示范区建设的创新探索，发挥其提供一站式全链条的国际法律服务、为境外律所在境内设立离岸代表机构提供全流程服务、创设港澳企业公共服务区等功能，着力打造前海国际法律服务中心。其次，推进“一带一路”及粤港澳大湾区建设过程中，对于建立前海国际商事调解中心有着很强的内在需求，可由前海“一带一路”法律服务联合会携手深港调解相关机构联合组建，注册为“民办非企业单位”。此外，通过不断推动拓展港澳律师在深圳开展业务范围的试点，激励其参与先行示范区法治建设的积极性。深圳司法行政部门应开展相关调研工作，了解港澳律师在深圳执业面临的现实问题和困难，积极采取解决措施，不断增强深圳法律服务业的开放性和包容性。

四是生态改革（城乡建设与管理改革）。深圳积极试验营造宜居的生态环境的先行改革，对于为落实联合国 2030 年可持续发展议程提供中国经验以及为美丽中国建设战略提供深圳方案有着重要的积极作用。通过宜居城市建设改善生态环境，也有助于增强对各行各业人才长留深圳发展并投入深圳建设的内生吸引力。因此，深圳应充分运用经济特区立法权，在包含全城自来水直饮、建成“无废城市”等涉及诸多重大工程和生态改革事项中，大胆进行创新探索，创制实施方案和建设标准，为推动可持续发展的国家立法提供实践经验和立法参考，发挥先行先试引领作用。

五是文化改革。为进一步打造城市品牌，深圳应在文化方面积极作为、大胆创新，提升国际竞争力和影响力。深圳可以将率先建设一批世界性文化活动品牌作为抓手，通过加大宣传和活动力度，向国际展示。例如定期举办世界旅游大会、设立面向全球的创意设计大奖等，一方面为深圳旅游业和文化创意产业发展提供内外双重驱动力，也可以为深圳打造世界创客之都城市品牌，以及为粤港澳大湾区建设世界美食之都提供面向国际的宣传窗口。

六是国资国企改革。国资国企改革的成功是深圳社会主义市场经济高度发达的重要原因。在建设先行示范区的过程中，深圳同样需要在国资国企综合试验改革方面进行大胆探索，在重点领域和关键环节上有创新和突破。一方面，深圳要积极优化国企市场化经营机制、资产监管机制，提高国企核心竞争力，打造充满生机活力的市场主体；另一方面，深圳可在国企混合所有制改革中推行持股激励措施，增强对人才的吸引力，激发人才的创造性。

七是通过大湾区建设为解决香港深层次问题做出深圳独有的贡献。在大湾区建设中，深圳可以发挥独特作用，化解香港经济社会深层次问题，为实现长期繁荣多做贡献。深圳率先在全市范围内推出吸引香港服务业企业和人才的利好政策，打造深港合作产业基地，为香港青年北上创业就业提供发展空间，并推出适当的配套优惠条件。仅需获得国家部委同意，就可以推出这类具体措施，并在条件成熟后可以进一步上升为经济特区或地方性法规。

参考文献

（一）期刊类

［1］王喆，汪海. 现代化经济体系建设与新一轮经济体制改革方略［J］. 改革，2018（10）.

［2］张立真，王喆. 粤港澳大湾区：演进发展、国际镜鉴与战略思考［J］. 改革与战略，2018（3）.

［3］王喆，王琛伟，李红娟. 推动粤港澳大湾区建设的若干战略思考［J］. 中国经贸导刊，2017（30）.

［4］马燕坤，王喆. 深圳创建社会主义现代化强国城市范例的理论阐释、实践要求和推进路径［J］. 宏观经济管理，2020（3）.

［5］王喆. 关于在深圳、厦门设立国家全面深化改革试验区并依法给予综合改革授权的建议［J］. 中国经贸导刊，2018（30）

［6］李梦真. 深圳经济特区立法探究［J］. 法制博览，2020（7）.

［7］任晒. 改革风险视域下经济特区立法的功能诠释［J］. 特区经济，2020（12）.

［8］黄金荣. 大湾区建设背景下经济特区立法变通权的行使［J］. 法律适用，2019（21）.

［9］何家华，高頔. 经济特区立法变通权的变通之道——以深圳市变通类立法为样本的分析［J］. 河南师范大学学报（哲学社会科学版），2019（2）.

［10］孙莹. 经济特区立法该如何突出"特"［J］. 人民之声，2018（11）.

［11］唐小然. 经济特区立法问题研究［J］. 海南大学学报（人文社会科学版），2017（6）.

［12］林彦. 经济特区立法再审视［J］. 中国法律评论，2019（5）.

［13］黄明涛. 经济特区社会立法研究——以深圳市人大地方立法为例（1992～2019）［J］. 深圳社会科学，2019（6）.

［14］石佑启. 论立法与改革决策关系的演进与定位［J］. 法学评论，2016（1）.

［15］高頔，何家华. 论中央和经济特区关系的法治化［J］. 兰州大学学报（社会科学版），2019（6）.

［16］李洪雷. 深化改革与依法行政关系之再认识［J］. 法商研究，2014（2）.

［17］陶一桃. 从"先行先试"到"先行示范"努力续写更多"春天的故事"［J］. 中国

经济特区研究，2020（1）.
[18] 刘晓博.《深圳建设中国特色社会主义先行示范区的行动方案（2019–2025）》解读[J]. 特区经济，2019（12）.
[19] 何家华. 特区立法权的实践状况和社会效果——以深圳为例[J]. 南海法学.2017（3）.
[20] 丁祖年. 运用法治思维和法治方式推进全面深化改革——兼论增强立法引领和推动作用的路径[J]. 法治研究，2014（2）.
[21] 李洪雷. 在新的历史条件下用好经济特区立法权[J]. 人民论坛·学术前沿，2018（13）.
[22] 杨在平."改革于法有据"的四维审视[J]. 理论探索，2016（1）.
[23] 郭晓娟."先行先试"中的授权立法研究[J]. 山西大学.
[24] 陈金钊."重大改革都要于法有据"的意义阐释[J]. 甘肃理论学刊，2014（5）.
[25] 王国华，方付建. 差异化授权：中央地方权力关系改革的新路向[J]. 华中科技大学学报（社会科学版），2009（5）.
[26] 邱桂武. 差异化授权：中央地方权力关系改革的新路向——基于改革实验区授权方式的分析[J]. 华中科技大学.
[27] 陈金钊. 对"重大改革都要于法有据"之"法"的理解[J]. 中共浙江省委党校学报，2015（3）.
[28] 彭浩. 法治与改革关系的协调——以授权规则运用下的地方试验为进路[J]. 重庆大学学报（社会科学版），2017（6）.
[29] 王诚. 改革中的先行先试权研究[J]. 上海交通大学.
[30] 谭炳才. 高质量发展的深圳样板与广东的路径选择[J]. 广东经济，2018（4）.
[31] 黄卫平. 论中央授权下的改革局部先行模式[J]. 人民论坛·学术前沿，2014（4）.
[32] 钟坚. 历史性跨越（上）——深圳经济特区改革开放和现代化建设回顾与思考[J]. 特区实践与理论，2018（2）.
[33] 钟坚. 历史性跨越（下）——深圳经济特区改革开放和现代化建设回顾与思考[J]. 特区实践与理论，2018（3）.
[34] 王广辉，胡朋. 论先行先试权评估的缘起、标准与方法[J]. 河南师范大学学报（哲学社会科学版），2013（1）.
[35] 王广辉，胡朋. 论综合改革试验区先行先试权的性质[J]. 江汉大学学报（社会科学版），2013（6）.
[36] 关文诗. 浅析我国经济特区授权立法[J]. 法制博览，2015（20）.
[37] 唐皇凤. 全面深化改革的战略布局：基于中央深改组 19 次全体会议报道的文本分析[J]. 湖南社会科学，2016（3）.
[38] 王德迅. 日本"结构改革特区"研究[J]. 亚非纵横，2007（4）.
[39] 戴学来，李家祥. 日本的结构改革特区与我国的综合配套改革试验[J]. 开放导

报，2007（6）.
［40］孙长学.深圳经济特区的体制改革探索及其示范价值［J］.改革，2018（5）.
［41］张思平.深圳与中国改革开放四十年（上）［J］.特区经济，2018（6）.
［42］张思平.深圳与中国改革开放四十年（下）［J］.特区经济，2018（7）.
［43］彭浩.授权地方改革试点决定的性质与功能探析［J］.法制与社会发展，2018（1）.
［44］王建学.授权地方改革试点决定应遵循比例原则［J］.法学，2017（5）.
［45］王伟中.新时代走在最前列新征程勇当尖兵努力把深圳经济特区办得更好办出水平［J］.党建，2018（7）.
［46］宫奕璐，杨磊.以深圳为例论深化改革开放的重要作用［J］.法制与社会，2017（3）.
［47］张苹.运用先行先试权创新的法律问题研究［J］.法制博览，2017（14）.
［48］江平.重大改革于法有据与新问题［J］.炎黄春秋，2014（12）.
［49］许啸宇.综合配套改革实验区的“先行先试”与地方自主权［J］.法制与社会，2013（13）.
［50］王成义.深圳经济特区立法权：历史、学理和实践［J］.地方立法研究，2019（1）.
［51］李永利.海南经济特区立法权要点与运用简析［J］.海南人大，2003（5）.
［52］宋方青.论中国经济特区立法的新格局——兼评《立法法》有关经济特区立法的规定［J］.现代法学，2000（6）.
［53］宋儒亮，邓绍林，李幼平.脑死亡和器官移植问题解决需要立法直接介入［J］.中国循证医学杂志，2007（11）.
［54］张炳君.地方财政法制体系研究［J］.山西财政税务专科学校学报，2008（2）.
［55］张羽君.中国法规形式的比较分析［J］.东北财经大学学报，2009（4）.
［56］孙良胜.立法法与经济特区立法工作［J］.人民之声，2000（6）.
［57］黎民.人大职权基本知识问答（三）［J］.人民之声，2003（10）.
［58］樊有辉.新疆反分裂与反恐怖立法性质与依据研究［J］.新疆警官高等专科学校学报，2009（2）.
［59］陈武元.制定地方民办教育管理条例的思考：以S市为例［J］.教育发展研究，2006（24）.
［60］张振亮，许汝罗.关于江苏省信息化立法的若干思考［J］.南京邮电大学学报（社会科学版），2006（1）.
［61］夏善晨.地方信用立法探索［J］.法治论丛（上海政法学院学报），2009（3）.
［62］顾肖荣，徐澜波，张明坤.上海文化立法规划和文化法律思想研究［J］.政治与法律，2003（1）.
［63］郝丽雅.特区法规的位阶及其在行政审判中的适用［J］.行政法学研究，2001（1）.
［64］宋明，李明超.经济特区立法权的使命就是改革创新［J］.深圳特区报，2020.
［65］卢腾达.用足用好海南经济特区立法权路径研究——以中国特色自由贸易港背景

下完善法治保障为视角 [J]. 人大研究，2020.
[66] 宋立焘，先行示范区建设与深圳公共住房制度改革研究 [J]. 特区实践与理论，2019 (6).
[67] 郑英伟. 法律文化视角下的企业文化建设 [J]. 经济论坛，2012 (5).
[68] 吴邦国. 形成中国特色社会主义法律体系的重大意义和基本经验 [J]. 求是，2011 (3).
[69] 邸乘光. 论中国特色社会主义制度的创设和确立 [J]. 合肥师范学院学报，2012 (4).
[70] 黄书进. 中国特色社会主义制度的科学内涵及重大意义 [J]. 中国井冈山干部学院学报，2012 (4).
[71] 邹平学，冯泽华. 中国特色社会主义先行示范区深圳法治建设的内在逻辑及立法进路 [J]. 深圳大学学报（人文社会科学版），2020 (4).
[72] 叶海波. "天使投资"、示范立法与风险管控——"双区"语境下深圳特区立法的逻辑与使命 [J]. 地方立法研究，2020 (3).
[73] 王利平. 从"临港方案"到"深圳意见"：全面赋权改革 [J]. 海峡通讯，2019 (9).
[74] 石佑启. 深化改革与推进法治良性互动关系 [J]. 论学术研究，2015 (1).
[75] 方芬. 试论加强和完善党对立法工作的领导 [J]. 人大研究，2015 (6).
[76] 胡健. 习近平"重大改革于法有据"思想探析 [J]. 云南社会科学，2015 (3).
[77] 张维炜. 立法法修改：为法治引领改革立章法 [J]. 中国人大，2014 (19).
[78] 熊文钊. 依法治国：国家治理现代化的必由之路 [J]. 广西社会科学，2015 (4).
[79] 冯玉军. 完善以宪法为核心的中国特色社会主义法律体系——习近平立法思想述论 [J]. 法学杂志，2016 (5).
[80] 潘卫东. 依法治国的新境界——学习习近平总书记依法治国重要思想 [J]. 理论探索，2015 (1).
[81] 丁兆梅. 习近平全面深化改革方略的三维特色 [J]. 贵州省党校学报，2016 (4).
[82] 任进. 加快建设法治政府的重要指针——习近平总书记关于法治政府论述的深刻意涵 [J]. 人民论坛，2014 (33).
[83] 梁鹰. 发挥立法的引领和推动作用——新的历史条件下我国立法工作的重要指导方针 [J]. 法治社会，2016 (1).
[84] 张文显. 习近平法治思想研究（上）——习近平法治思想的鲜明特征 [J]. 法制与社会发展，2016 (2).
[85] 张文显. 习近平法治思想研究（中）——习近平法治思想的一般理论 [J]. 法制与社会发展，2016 (3).
[86] 王立彬. 更多改革更大赋权更严监管——自然资源部有关负责人解读用地审批"放权" [J]. 青海国土经略，2020 (2).

[87] 卢为民，陆新亚．土地二级市场建设中需要处理好五个关系 [J]. 中国土地，2019 (10).
[88] 苏炜杰．特殊工时制度实施中的问题与对策——以武汉市为例 [J]. 湖北工程学院学报，2020 (2).
[88] 万江波，丁永平，楼立明．土地二级市场政策新探——浙江省宁波市的探索与实践 [J]. 中国土地，2018 (11).
[90] 程玉琳，肖彦．对土地转让“完成开发投资总额 25%”的实践探究 [J]. 国土资源，2019 (6).
[91] 季仕承，孙炯清．国内外土地二级市场交易研究进展分析 [J]. 西部资源，2020 (2).
[92] 张忠汉，郑宇，崔川良．盘活利用低效工业用地——鄞江镇主要做法与思考 [J]. 宁波经济（财经视点），2020 (4).
[93] 杨永清．《物权法》总则与民事审判 [J]. 法律适用，2007 (6).
[94] 魏凌，成立．对深圳土地二级市场预告登记转让制度的思考——基于宁波和南宁的改革经验 [J]. 中国房地产，2021 (3).
[95] 吴广付．浅析资金与土地合作房地产开发的法律正当性及法律实现 [J]. 法制与经济（下旬），2014 (6).
[96] 黄勇，严文斌.CDR 视角下的风险探究——从 ADR 到 CDR 如何更为稳健 [J]. 河北法学，2019 (4).
[97] 李东方，胡晓萌．新三板转板上市制度论 [J]. 经济法论坛，2016 (1).
[98] 韩文．创业板注册制改革对国内资本市场的影响研究 [J]. 商业经济，2020 (9).
[99] 万国华，王才伟．我国证券市场注册制立法变革应兼顾交易注册 [J]. 上海金融，2016 (8).
[100] 汤欣，杨青虹，期货跨市场操纵的界定与立法完善 [J]. 期货及衍生品法律评论，2018 (1).
[101] 王战，王炳淇，秦恬恬．湖南本土广告公司上市动因与路径研究 [J]. 湖南工业大学学报（社会科学版），2017 (5).
[102] 丛鹏，刘金涛．基础设施 REITs 发展情况研究及相关思考 [J]. 时代金融，2020 (33).
[103] 张享维．数据要素参与市场分配的瓶颈与突破 [J]. 商讯，2020 (36).
[104] 曹磊．如何突破我国电信领域对外开放的瓶颈？ [J]. 通信世界，2020 (24).
[105] 刘伟．利用技术产权交易平台，创新科技成果定价方式 [J]. 产权导刊，2019 (12).
[106] 邱唐凌仔．浅析我国创业投资基金运作中存在的问题 [J]. 商讯，2020 (23).
[107] 高岩，王景通．推进国企混合所有制改革的法律对策 [J]. 中州学刊，2020 (11).
[108] 周宏达．基础设施领域不动产投资信托基金（REITs）助力地方政府性债务化解

的有关探讨［J］. 时代金融，2020（34）.
［109］林琳. 新加坡的创业投资：未来之路［J］. 经贸法律评论，2020（1）.
［110］肖冰，许可，刘海波. 自由贸易港知识产权金融创新发展——基于新加坡的经验与启示［J］. 海南大学学报（人文社会科学版），2020（6）.
［111］赵广立，秦志伟，沈春蕾. 专家热议新方案让科研人员做科技成果的主人翁［J］. 科学大观园，2020（12）.
［112］沈法，全链条立法护航科技创新——《深圳经济特区科技创新条例》解读［J］. 人民之声，2020（12）.
［113］谢敏芳，林修凤，连文. 改革后职务科技成果收益权和处置权相关配套措施评价［J］. 科技创新与生产力，2020（1）.
［114］李利平，周望. 统筹各类编制资源的改革方向和政策建议［J］. 中国行政管理，2020（3）.
［115］张钦昱. 我国破产法的系统性反思与重构——以世界银行《营商环境报告》之“办理破产”指标为视角［J］. 法商研究，2020（6）.
［116］张晖明. 新形势下深化上海国资国企综合改革研究［J］. 科学发展，2020（8）.
［117］卢扬逊. 数据财产权益的私法保护［J］. 甘肃社会科学，2020（6）.
［118］崔汪卫. 我国商业秘密刑事立法体系：现状、经验与重构［J］. 政法学刊，2020（2）.
［119］杨志云. 新时代的机构编制管理：战略定位、辩证关系与改革路径［J］. 天津行政学院学报，2020（1）.
［120］李蓉. 凉山州基层综合行政执法体制改革的探索［J］. 邓小平研究，2018（1）.
［121］欧莉. 浅析新时期市场监管领域综合执法改革下信息化体制建设［J］. 中国市场监管研究，2018（2）.
［122］李大伟. 以新时代中国特色社会主义思想引领机构和行政体制改革实践［J］. 中国机构改革与管理，2018（3）.
［123］郎玫. 大数据视野下中央与地方政府职能演变中的匹配度研究——基于甘肃省 14 市（州）政策文本主题模型 LDA［J］. 情报杂志，2018（9）.
［124］王姗姗. 专用与滥用并存无人机市场应用简析［J］. 记者摇篮，2017（8）.
［125］高小民. 行政管理经济理性与社会理性的统一［J］. 营销界，2020（22）.
［126］姜明安. 改革和完善行政诉讼体制机制加强人权司法保障［J］. 国家行政学院学报，2015（1）.
［127］龙静. 加强事业单位人事管理工作探讨［J］. 管理观察，2018（9）.
［128］董新义. 金融科技法律如何制定？——来自韩国的立法经验［J］. 暨南学报（哲学社会科学版），2020（9）.
［129］孙天承. 我国大学技术成果转移法律制度的检视与完善［J］. 经济法研究》，2020（1）.

［130］杨宽，费秀艳．美国无人机立法新动态及其启示［J］．北京航空航天大学学报（社会科学版），2019（1）．
［131］董新义．韩国版金融科技“监管沙盒”法案及其启示［J］．证券法律评论，2019（1）．
［132］箴言．深圳：出台《条例》开创绿色金融先河［J］．环境，2020（12）．
［133］马波，何迎春．国家财政资助项目科技成果权属的历史沿革、制度障碍和解决方案［J］．中国科技论坛，2020（11）．
［134］任泽平．深圳改革透露重大信号［J］．全球商业经典，2020（11）．
［135］黄瑶．加强立法引进高层次外籍人才助力广州全球城市建设［J］．法治论坛，2018（4）．
［136］肖尤丹，刘鑫，肖冰．论科技成果所有权的法律内涵［J］．科学学研究，2020（4）．
［137］陈嘉敏，梁彩珠．仲裁合作机制：粤港澳大湾区知识产权争议解决的路径探索［J］．东莞理工学院学报，2020（4）．
［138］许昌．浙江自贸试验区航运制度创新研究［J］．浙江工业大学学报（社会科学版），2018（1）．
［139］李支．粤港澳大湾区金融仲裁合作机制研究［J］．决策探索（下），2020（1）．
［140］刘东民．应推动地方债离岸发行［J］．中国金融，2016（17）．
［141］姚影．推进国内财资中心的建立［J］．中国外汇，2019（9）．
［142］陈鹏．适当调整自贸区（港）国际船舶登记制度的改革方向［J］．中国水运，2020（12）．
［143］常军．构建跨境资金集中运营本外币一体化管理框架［J］．中国外汇，2020（11）．
［144］杨秋荣．粤港澳大湾区医疗协同发展方略［J］．开放导报，2020（1）．
［145］吴筱颖．加快舟山保税油加注业务发展的对策和建议［J］．珠江水运，2020（8）．
［146］邱付，孙桂强．环评改革背景下的基层需求与顶层设计［J］．低碳世界，2020（11）．
［147］周跃辉．如何站在更高起点上推进改革开放［J］．党课参考，2020（22）．
［148］李佳文．规则变通方法的立法运用及规范化设置［J］．广西政法管理干部学院学报，2020（2）．
［149］吴海燕，黄鹤子．人大闭会履职中政府回应研究——基于监督与科层制双重压力维度推动的深圳实践考察［J］．行政论坛，2020（4）．
［150］曲辰．地方立法与国家治理体系和治理能力现代化［J］．江海学刊，2020（5）．
［151］屠凯．司法判决中的经济特区法规与法制统一［J］．当代法学，2017（2）．
［152］张维炜，张宝山，梁国栋，于浩，李小健，王萍．立法法升级，为法治中国护航［J］．中国人大，2015（6）．
［153］朱汉卿．新立法法视域下的授权立法基本范畴研究及其法律规制［J］．江汉大学

学报（社会科学版），2016（5）.
[154] 吴邦国. 在形成中国特色社会主义法律体系座谈会上的讲话 [J]. 中国人大，2011（6）.
[155] 中共中央、国务院发文支持深圳建设中国特色社会主义先行示范区 [J]. 老友，2019（9）.
[156] 陈家文. 两大手段！深圳土地“扩权”定了，房价还会再涨？[J]. 房地产导刊，2020（11）.
[157] 陈乐平. 以市场定价取代资产评估浙江科技成果转化亮出“新姿势”[J]. 今日科技，2020（1）.

（二）论文类

[1] 许佩华. 经济特区立法研究 [D]. 吉林大学博士论文，2012.
[2] 郑荣荣. 浅析经济特区授权立法 [D]. 复旦大学硕士论文，2012.
[3] 王华. 经济特区变通立法之探析 [D]. 西南政法大学硕士论文，2017.
[4] 邹胜发. 论深圳经济特区立法变通权 [D]. 深圳大学博士论文，2018.
[5] 张先贵. 我国土地管理权行使方式研究 [D]. 南京大学博士论文，2014.
[6] 李凤梅. 中国城市化进程中农地保护法律制度研究 [D]. 中央民族大学博士论文，2010.
[7] 刘祥琪. 我国征地补偿机制及其完善研究 [D]. 南开大学博士论文，2010.
[8] 袁媛. 我国工时制度中存在的问题及其完善 [D]. 南昌大学博士论文，2020.
[9] 吴晓帅. 我国土地二级市场的地方政府监管研究 [D]. 四川省社会科学院博士论文，2019.
[10] 尚彦飞. 抵押权预告登记的案例分析 [D]. 湖南师范大学硕士论文，2018.
[11] 何靓. 试论不动产登记前买受人期待权之法律效力 [D]. 中国社会科学院研究生院硕士论文，2010.
[12] 袁晓鹏. 预售商品房转让法律问题研究 [D]. 内蒙古大学硕士论文，2010.
[13] 牛丹丹. 不定时工作制法律问题研究 [D]. 辽宁大学博士论文，2020.
[14] 吴振. 中国存托凭证（CDR）投资者保护法律问题研究 [D]. 华东政法大学博士论文，2019.
[15] 胡艳. 股票市场与股指期货市场跨市场操纵行为法律规制 [D]. 西南科技大学博士论文，2019.
[16] 冉亚男. 我国新三板转板制度研究 [D]. 西南政法大学硕士论文，2017.
[17] 钟鹤伟. 新三板转板法律制度构建研究 [D]. 西南政法大学硕士论文，2017.
[18] 徐鹏炯. 新三板升级转板法律制度研究 [D]. 厦门大学博士论文，2017.
[19] 胡文韬. 吸引外籍人才目标下的公安出入境管理问题研究 [D]. 中国人民公安大

学博士论文，2019.
［20］陈远香. 我国地方债发行制度研究［D］. 重庆大学博士论文，2019.
［21］孙安然. 我国授权立法的进路研究［D］. 中国海洋大学硕士论文，2014.

（三）报纸类

［1］林珊珊. 用足用好经济特区立法权［N］. 学习时报，2019-09-11（003）.
［2］甘霖. 以综合改革试点为牵引推动全面深化改革［N］. 深圳特区报，2021-01-06（A01）.
［3］傅伦博. 深圳经济特区立法创新的回顾与思考［N］. 深圳特区报，2010-12-21（B10）.
［4］张钦昱，张俊. 用好特区立法权为市场经济开山辟路［N］. 深圳特区报，2020-10-13（B02）.
［5］李强，赵琦玉. 广东“立法试验田”功不可没［N］. 南方日报，2011-03-05（005）.
［6］白德斌. 尽显地方立法的“本土特色”［N］. 甘肃日报，2011-03-11（002）.
［7］李舒瑜. 以高质量立法引领深圳高质量发展［N］. 深圳特区报，2021-02-04（A02）.
［8］翟秀艳. 从“特区”到“示范区”，深圳需要做些什么？［N］. 现代物流报，2019-08-21（A03）.
［9］南方日报评论员. 有力有序有效推进先行示范区建设［N］. 南方日报，2019-08-29（A04）.
［10］深圳四十条重大利好袭来新经济、资本市场发展提速［N］. 现代物流报，2020-10-21（A03）.
［11］侯志红. 优化私募准入环境激发创新活力［N］. 中国证券报，2020-10-19（001）.
［12］朱宝琛. 资本市场助力深圳综合改革试点未来还将在多领域继续发力［N］. 证券日报，2020-10-20（A01）.
［13］李锐，严翠. 新三板是机遇［N］. 上海证券报，2013-12-19（F05）.
［14］赵广立，秦志伟，沈春蕾. 给科研人员和管理者吃下定心丸［N］. 中国科学报，2020-05-22（003）.
［15］黄青山. 抢抓机遇加快培育数据要素市场［N］. 深圳商报，2020-10-22（A01）.
［16］莫海晖. 建言资政和凝聚共识双向发力助推珠海经济社会高质量发展（上）［N］. 珠海特区报，2021-01-28（005）.
［17］杨临萍. 为共建一带一路营造法治化营商环境［N］. 淮南日报，2019-10-25（003）.
［18］唐晋荣，李湛. 支持深圳发展信号明确更大期待在于落地实施［J］. 证券时报，2019-08-20（A03）.

［19］沙森.民用无人机应尽快纳入监管［J］.中国科学报，2017-06-05（007）.

（四）文件类

［1］《中华人民共和国民法典》（主席令第四十五号）
［2］《中华人民共和国立法法（2015）》
［3］《中共中央国务院关于支持深圳建设中国特色社会主义先行示范区的意见》
［4］《中华人民共和国土地管理法（2019）》
［5］《全国民事审判工作会议纪要（2011）》
［6］《深圳建设中国特色社会主义先行示范区综合改革试点实施方案（2020-2025年）》
［7］科技部等9部门印发《赋予科研人员职务科技成果所有权或长期使用权试点实施方案》的通知（国科发区〔2020〕128号）
［8］国务院办公厅转发《证监会关于开展创新企业境内发行股票或存托凭证试点若干意见》的通知（国办发〔2018〕21号）
［9］广东省人民政府办公厅转发《国务院办公厅转发证监会关于开展创新企业境内发行股票或存托凭证试点若干意见》的通知（粤府办〔2018〕26号）
［10］河南省人民政府关于推进行政复议体制改革的意见（豫政〔2020〕33号）

图书在版编目（CIP）数据

深圳用足用好经济特区立法权实施路径研究 / 王喆著. -- 北京：经济日报出版社，2021.9
ISBN 978-7-5196-0926-9

Ⅰ. ①深… Ⅱ. ①王… Ⅲ. ①经济特区-地方法规-立法-研究-深圳 Ⅳ. ①D927.653.00

中国版本图书馆 CIP 数据核字（2021）第 185284 号

深圳用足用好经济特区立法权实施路径研究

作　　者	王　喆
责任编辑	黄芳芳
助理编辑	张　琦
责任校对	王　瑛
出版发行	经济日报出版社
地　　址	北京市西城区白纸坊东街 2 号 A 座综合楼 710（邮政编码：100054）
电　　话	010-63567684（总编室）
	010-63584556（财经编辑部）
	010-63567687（企业与企业家史编辑部）
	010-63567683（经济与管理学术编辑部）
	010-63538621　63567692（发行部）
网　　址	www.edpbook.com.cn
E - mail	edpbook@126.com
经　　销	全国新华书店
印　　刷	北京建宏印刷有限公司
开　　本	710 mm×1000 mm　1/16
印　　张	12.25
字　　数	166 千字
版　　次	2021 年 9 月第 1 版
印　　次	2021 年 9 月第 1 次印刷
书　　号	ISBN 978-7-5196-0926-9
定　　价	48.00 元